MERIAN *live!*

New York

Jörg von Uthmann hat 15 Jahre seines
Lebens in New York verbracht – als UN-
Diplomat und als Korrespondent der »FAZ«.
Er ist Autor mehrerer Bücher über die USA,
darunter »New York für Fortgeschrittene«.

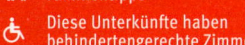

Inhalt

◄ Vom Trump World Tower aus bietet sich
ein fesselnder Blick auf Manhattan.

Willkommen in New York
Das aufregendste Freilichttheater der Welt: New York ist die bei Weitem größte und sicher auch schillerndste Stadt der USA.

New York ist das aufregendste Freilichttheater der Welt. Wenn die berühmte Skyline von Manhattan am Horizont auftaucht, spürt selbst der weit gereiste Geschäftsmann, wie sein Adrenalinspiegel steigt. Die durch die Straßen hastenden Menschenmassen, die heulenden Krankenwagen, die trompetenden Feuerwehren, die Leuchtreklamen am Times Square, der selbstsichere Luxus der Park Avenue und der erschreckende Verfall der South Bronx – all das summiert sich zu einem rauschhaften Erlebnis, das der Filmemacher Walter Ruttmann, auf das Berlin der Vorkriegszeit bezogen, die »Sinfonie einer Großstadt« genannt hat.

New York hat unzählige Gesichter: In Astoria im Stadtteil Queens gibt es sich griechisch, in Williamsburg im Stadtteil Brooklyn orthodox-jüdisch, in Harlem sind die Bewohner schwarz, in Chinatown gelb. Den typischen New Yorker gibt es nicht. Typisch ist vielmehr das bunte Nebeneinander der verschiedenen Völker und Lebensstile. Für den Besucher ist New York im Wesentlichen identisch mit Manhattan, dem kleinsten der fünf Stadtteile (»boroughs«): Auf der schmalen Insel zwischen Hudson und East River findet er die meisten Hotels und Restaurants, die interessantesten Sehenswürdigkeiten, die Musicals und

◂ Der Puls der Metropole: Starkes Verkehrsaufkommen und hektische Fußgänger am Times Square (▸ S. 87).

Jazzlokale, um derentwillen er die lange Reise auf sich genommen hat. Wer länger bleibt, sollte aber ruhig einen Blick auf Brooklyn, den bevölkerungsreichsten Stadtteil, werfen.

Schmelztiegel

Das Völkergemisch – den berühmten »Schmelztiegel« – unter einen Hut zu bekommen, ist natürlich nicht leicht. Kein Wunder, dass der Cocktail der verschiedenen Hautfarben, Religionen und Lebensgewohnheiten vielen chaotisch vorkommt. Dabei ist New York eine sehr übersichtliche Stadt, in der sich auch der Fremde rasch zurechtfindet. Manhattans rechtwinkliges Straßennetz mit seinen breiten, von Süden nach Norden verlaufenden Avenuen und den schmaleren, von 1 bis 220 durchnummerierten Querstraßen wurde bereits im Jahre 1811 festgelegt. Nur im südlichen, ältesten Teil von Manhattan tragen die Straßen wie in Europa Namen; dort verlaufen sich ohne Stadtplan selbst die Einheimischen.

Im vergangenen Jahrzehnt erlebte New York zwei Katastrophen, die nicht nur Amerika, sondern die ganze Welt erschütterten: Am 11. September 2001 entführten arabische Terroristen zwei voll besetzte Flugzeuge und steuerten sie in die beiden Türme des World Trade Center, die brennend einstürzten. Knapp 3000 Menschen kamen dabei ums Leben. Am 15. September 2008 erklärte sich die Investmentbank Lehman Brothers, eine der größten der Welt, für zahlungsunfähig und brachte da-

mit eine schon seit Längerem schwelende Wirtschaftskrise zum vollen Ausbruch. Was folgte, war eine weltweite Rezession, die auch deutsche Banken und die deutsche Wirtschaft schwer traf.

Der Vitalität der Stadt haben die beiden Katastrophen nichts anhaben können. »Ground Zero«, die Baustelle, auf der ein Nachfolger der eingestürzten Türme entsteht, ist eine viel besuchte Touristenattraktion, und die Wall Street, das Nervenzentrum des New Yorker Finanzmarkts, ist lebendig wie eh und je.

Die New Yorker sind hart im Nehmen, was ihnen den Ruf der Ruppigkeit und Arroganz eingetragen hat. Als die Stadtverwaltung 1975 so gut wie pleite war, war die Schadenfreude im Rest des Landes groß: »Ford to City: Drop Dead« – mit dieser Schlagzeile quittierte die »Daily News« die Weigerung des damaligen Präsidenten Gerald Ford, der Stadt unter die Arme zu greifen. Doch die raue Schale täuscht: Dem verirrten Fremden helfen die Einheimischen gern.

Taxis sind gelb

Man sollte die Zutraulichkeit allerdings nicht übertreiben. Wer unangenehme Überraschungen vermeiden will, schlägt die Angebote der Herren, die ihn vom Flugplatz in die Stadt fahren wollen, freundlich aus und steuert auf den Stand mit den gelben Taxen zu. Nachts sollte man einsame Straßen und den Central Park meiden und statt der Subway lieber ein Taxi nehmen. Belebte Gegenden wie das Theaterviertel am Broadway, Greenwich Village oder der trendige Meatpacking District sind dagegen sicher.

10

MERIAN -TopTen
MERIAN zeigt Ihnen die Höhepunkte der Stadt: Das sollten Sie sich bei Ihrem Besuch in New York nicht entgehen lassen.

1 Central Park
New Yorks grüne Lunge, Tummelplatz von Joggern, Sonnenanbetern und Fotografen (▶ S. 70).

2 Empire State Building
Bis 1970 und seit dem 11. September 2001 mit 380 m wieder New Yorks höchster Wolkenkratzer (▶ S. 73).

3 Madison Avenue
Hier macht der gut situierte New Yorker am Samstagnachmittag seinen Schaufensterbummel (▶ S. 79).

4 Rockefeller Center
Das Herz New Yorks – vor dem vergoldeten Prometheus ist das obligate Foto fällig (▶ S. 82).

5 St. Patrick's Cathedral
US-Ausgabe des Kölner Doms und Sitz des katholischen Erzbischofs (▶ S. 83).

6 Statue of Liberty (Freiheitsstatue)
Die grüne Dame ist das Wahrzeichen New Yorks. Wer endloses Warten vermeiden will, begnügt sich mit einem Blick von der Fähre (▶ S. 86).

Time Square

7 **Washington Square**
Musikanten, Jongleure und
Clowns zeigen ihre Künste,
während die Studenten der
NYU auf dem Rasen relaxen
(► S. 88).

8 **Frick Collection**
Die stilvollste Gemälde-
galerie der Stadt, einst das
Privatschloss von Henry
Clay Frick (► S. 95).

9 **Museum of Modern Art
(MoMA)**
Einen Besuch der bedeu-
tendsten Kunstsammlung
des 20. Jh. darf sich niemand
entgehen lassen (► S. 99).

10 **Wall Street**
Wer erfahren will, wie in
New York das große Geld
gemacht wird, sollte sich
hier zur Mittagszeit ein-
finden (► S. 112).

(2)

MERIAN-Tipps

MERIAN-Tipps Mit MERIAN mehr erleben. Nehmen Sie teil am Leben der Stadt und entdecken Sie die unbekannten Seiten New Yorks.

 Bloomingdale's
Verkaufslandschaften auf acht Etagen – eine Herausforderung für die Kreditkarte (▸ S. 41).

 Originelle Souvenirs aus Museumsshops
Ein wunderbarer Ort zum Stöbern: die Andenkenläden der Museen (▸ S. 43).

 Time Warner Center
Die neueste Sehenswürdigkeit von New York – eine luxuriöse Shopping Mall am Columbus Circle (▸ S. 45).

 Night Court
Jenseits der Glitzerwelt: Die öffentlichen Nachtsitzungen der Strafkammer zeigen eine andere Seite New Yorks (▸ S. 47).

 Aussichtsterrasse des Empire State Building
Nach dem Dinner bietet ein Blick auf das nächtlich funkelnde New York unvergessliche Eindrücke (▸ S. 50).

 Halloween Parade
Höhepunkt des makabren Festes ist der Maskenzug durch Greenwich Village (▸ S. 60).

7 Radio City Christmas
Spectacular
Die Adventszeit gehört zu
den Höhepunkten in New
York; sie gipfelt in der Weih-
nachtsshow der Radio City
Music Hall (▸ S. 61).

8 Uferpromenade in Brooklyn
Heights
Der Blick von der Promenade
auf Downtown Manhattan ist
unvergesslich (▸ S. 69).

9 Mit dem Bus ins
Mittelalter
In den Cloisters tauchen Sie
in die mittelalterliche Welt
französischer Klöster ein
(▸ S. 94).

10 Neue Galerie
Der Wiener Serge Sabarsky
schuf ein Museum für österreichische und deutsche
Expressionisten (▸ S. 102).

Nirgendwo ist der Blick über den
East River auf Lower Manhattan
beeindruckender als von der Terrasse
des River Cafés (▶ S. 22).

Zu Gast
in New York

Alles, was über New York gesagt wurde, ist wahr.
Ebenso wahr ist auch das Gegenteil. Eine ruppige,
gefährliche … und liebenswerte Stadt.

Übernachten
Berühmt, traditionsreich, elegant, ausgeflippt, minimalistisch: Jedes Hotel pflegt seinen eigenen Stil. Die Preise sind sehr flexibel. Es lohnt sich, nach der »weekend rate« zu fragen.

◄ Das Mercer (► S. 18) in SoHo mit seinem hochgelobten Restaurant bietet individuellen Charme auf Top-Niveau.

Der Bauboom der letzten Jahrzehnte hat New York mehr als 30 neue Hotels beschert. An preiswerten Herbergen herrscht jedoch immer noch Mangel. Weniger als 150 Dollar pro Nacht sollte man in New York daher nicht veranschlagen, will man nicht auf ein Minimum an Komfort verzichten. Doch selbst die großen Hotels bieten am Wochenende erstaunliche Preisnachlässe. Es lohnt sich immer, nach der »weekend rate« zu fragen. Auch sonst ist die Preisgestaltung – je nach Auslastung – äußerst flexibel. Im Internet wird Ihnen erläutert, wie Sie selbst die günstigsten Raten ermitteln können.

Kreditkarte – ein Muss

Anders als in Deutschland ist der Zimmerpreis in der Regel unabhängig von der Zahl der Personen, die dort nächtigen. Reserviert wird üblicherweise mit Kreditkarte, die auch das gängige Zahlungsmittel ist (American Express, Visa, MasterCard; Diners Club ist weniger verbreitet).

Preise für ein Doppelzimmer mit Frühstück:

€€€€ ab 500 $ €€ bis 300 $
  €€€ ab 300 $

HOTELS €€€€

Alex   ► S. 147, B 14

Raffinierter Luxus • Ein kühl-eleganter Neuling, der bei gastierenden Diplomaten sofort einschlug: Der Sitz der Vereinten Nationen ist in wenigen Gehminuten erreichbar. Flachbildfernseher, Bad mit »Regenwald-Dusche« und eine Küche für den Fall,

dass sich die Vollversammlung hinzieht. Wer nicht selber kochen will, findet **Riingo** im Haus – ein viel besprochenes, lautes Restaurant mit japanisch inspirierter Küche.
Midtown • 205 East 45th St. (zwischen 2nd und 3rd Ave.) • U-Bahn: Grand Central (b 3) • Tel. 867-5100 • www.thealexhotel.com • 203 Zimmer • ♿ • €€€€

Carlyle   ► S. 145, D 11

Millionärsversteck • Zurückhaltende Eleganz im europäischen Stil. Hier stieg einst John F. Kennedy ab, wenn er unbeobachtet sein wollte. Nicht wenige Millionäre unterhalten in diesem Hotel ein ständiges »Pied-à-terre«. Durchreisenden steht daher nur ein Drittel der Räume zur Verfügung.
Upper East Side • 35 East 76th St./Madison Ave. • U-Bahn: Lexington Ave./77th St. (b 2) • Tel. 744-1600 • www.thecarlyle.com • 505 Zimmer • ♿ • €€€€

Four Seasons   ► S. 147, D 13

Peis Visitenkarte • Unter den neuen Luxushotels das feinste, 1993 vom Stararchitekten I. M. Pei entworfen. Besonders geräumige, elegant möblierte Zimmer, die Hälfte davon mit Blick über den Central Park. Im Restaurant **Fifty-Seven** haben New Yorks »Powerlunchers« einen neuen Treffpunkt gefunden.
Upper East Side • 57 East 57th St. (zwischen Park und Madison Ave.) • U-Bahn: 5th Ave./60th St. (b 3) • Tel. 758-5700 • www.fourseasons.com • 368 Zimmer • ♿ • €€€€

Gansevoort   ► S. 146, B 16

Pool auf dem Dach • Das erste Luxushotel im trendigen Meatpacking

District. Hohe Räume, modebe-wusst-minimalistisch möbliert. Eine besondere Attraktion ist der beheizte Swimmingpool auf dem Dach mit Unterwasser-Musik und interessan-tem Blick über den Hudson. Wer die New Yorker Sehenswürdigkeiten schon kennt, aber einen Stützpunkt sucht, von dem aus er die Galerien in Chelsea und die Restaurants im Village zu Fuß erreichen kann, hat ihn hier gefunden.

Meatpacking District • 18 9th Ave./ 13th St. • U-Bahn: 14th St./8th Ave. (a 4) • Tel. 206-6700 • www.hotel gansevoort.com • 187 Zimmer • &. • €€€€

Grand Hyatt ▶ S. 147, D 14

Trumps erster Wurf • Mit der Ver-wandlung des seinerzeit herunter-gekommenen »Commodore« ins glitzernde »Grand Hyatt« machte Baukrösus Donald Trump sein erstes großes Geld. Schon die Lobby mit ih-ren Wasserfällen und den tropischen Pflanzen ist ein Spektakel für sich.

Midtown • 109 East 42nd St./ Lexington Ave. • U-Bahn: Grand Central (b 3) • Tel. 883-1234 • www.grand newyork.hyatt.com • 1407 Zimmer • &. • €€€€

Intercontinental The Barclay
▶ S. 147, D 13

Für Romantiker • Das Hotel verbin-det den Charme der Alten Welt mit dem Komfort der Neuen. Die stil-volle Lobby mit ihrem Oberlicht aus Tiffany-Glas ist ein perfekter Ort für romantische Rendezvous.

Midtown • 111 East 48th St./Lexing-ton Ave. • U-Bahn: Lexington Ave./ 51st St. (b 3) • Tel. 755-5900 • http:// new-york-barclay.intercontinental. com • 784 Zimmer • &. • €€€€

Mandarin Oriental ▶ S. 146, C 13

Zu Gast in Hongkong • Das Luxus-hotel im neuen Time Warner Center, ein Ableger des legendären Mutter-hauses in Hongkong, bietet grandiose Ausblicke auf den Central Park. Zu den Broadway-Theatern und zur Met ist es nur ein Katzensprung.

Upper West Side • 80 Columbus Circle • U-Bahn: Columbus Circle (a 3) • Tel. 805-8800 • www.mandarinoriental. com • 248 Zimmer • &. • €€€€

Le Parker Méridien ▶ S. 146, C 13

Französischer Chic • Der extrover-tierte Stil und das Fitnesscenter (mit geheiztem Schwimmbad) finden v. a. beim Jetset Anklang. Die Carnegie Hall ist gleich nebenan.

Upper West Side • 119 West 56th St. (zwischen 6th und 7th Ave.) • U-Bahn: Columbus Circle (a 3) • Tel. 245-5000 • www.parkermeridien.com • 1600 Zimmer • &. • €€€€

Peninsula ▶ S. 147, D 13

Trumpf: die Terrassen • Der unter Denkmalschutz stehende Belle-Épo-que-Palast wurde modernisiert und bietet eine luxuriöse Mischung aus Tradition und dem letzten Schrei elektronischer Zimmerbeleuchtung und -beschallung. Auf der Dachter-rasse entdecken in lauen Nächten selbst ernüchterte Ehepaare die Ro-mantik ihrer Flitterwochen wieder.

Midtown • 700 5th Ave./55th St. • U-Bahn: Rockefeller Center (b 3) • Tel. 956-2888 • www.peninsula.com • 239 Zimmer • &. • €€€€

The Pierre ▶ S. 145, D 12

Europäische Eleganz • Ein europä-ischer Hotelpalast mitten im Herzen von Manhattan. Geräumige Zimmer; von den oberen Stockwerken blickt

man auf den Central Park. Günstige Lage zwischen den Luxusgeschäften an der Fifth und Madison Avenue.
Upper East Side • 2 East 61st St./5th Ave. • U-Bahn: 5th Ave./60th St. (b 3) • Tel. 838-8000 • www.tajhotels.com/pierre • 236 Zimmer • ♿ • €€€€

The Plaza   ▶ S. 147, D 13

Wiederauferstandene Lady • Die »Grand Old Lady« schloss 2005 ihre Tore und wurde in ein Haus mit Luxuswohnungen umgebaut – wie man munkelt, den teuersten der Stadt. Nach energischen Protesten erklärte sich der Bauherr bereit, ein Drittel der 900 Zimmer als Hotel weiterzuführen. So wurde das »Plaza« 2008 zur Erleichterung seiner Stammgäste wiedereröffnet. Auch die legendären Gesellschaftsräume – Palm Court, Ball Room und Oak Bar – blieben erhalten.
Upper East Side • 768 5th Ave./Central Park South • U-Bahn: 5th Ave./60th St. (b 3) • Tel. 759-3000 • www.theplaza.com • 282 Zimmer • ♿ • €€€€

Plaza-Athénée   ▶ S. 145, D 12

Paris lässt grüßen • Das New Yorker Gegenstück zum Namensvetter an der Avenue Montaigne in Paris. Hier fühlt sich der Gast in eine Ära irgendwo zwischen Louis XV. und Directoire zurückversetzt.
Upper East Side • 37 East 64th St. (zwischen Madison und Park Ave.) • U-Bahn: Hunter College (b 3) • Tel. 734-9100 • www.plaza-athenee.com • 160 Zimmer, einschließlich 34 Suiten • ♿ • €€€€

Ritz-Carlton   ▶ S. 146, C 13

Old England • Nicht einem französischen Palais, sondern einem englischen Landhaus eifert dieses elegante Hotel nach. Die vielen Antiquitäten, chintzbezogene Möbel sowie der mit der Jahreszeit wechselnde Blumenschmuck geben dem exklusiven Haus eine persönliche Note.
Upper West Side • 50 Central Park South • U-Bahn: Columbus Circle (a 3) • Tel. 308-9100 • www.ritzcarlton.com • 240 Zimmer • ♿ • €€€€

St. Regis   ▶ S. 147, D 13

Noch ein französisches Schloss • Dieser einem französischen Schloss nachempfundene Palast wurde für viel Geld generalüberholt und rühmt sich nun, die teuerste Herberge der Stadt zu sein. Wer sich nicht finanziell verausgaben will, begnügt sich mit einem Drink in der »King Cole Bar«, in der angeblich die Bloody Mary erfunden wurde.
Midtown • 2 East 55th St./5th Ave. • U-Bahn: Rockefeller Center (b 3) • Tel. 753-4500 • www.starwoodhotels.com/stregis • 313 Zimmer • ♿ • €€€€

Trump International Hotel
▶ S. 144, C 12

Blick über den Park • »The Donald«, New Yorks berühmter Neureicher Donald Trump, musste das »Plaza« Hotel versilbern und kaufte dafür 14 Etagen eines Bürohochhauses am Central Park, die er erstaunlich geschmackvoll renovieren ließ. Die Zimmer sind nicht sehr groß, haben aber fabelhafte Ausblicke, vor allem die auf der Parkseite. Die Küche des Hotelrestaurants **Jean-Georges** beherrscht Meisterkoch Jean-Georges Vongerichten.
Upper West Side • 1 Central Park West/60th St. • U-Bahn: Columbus Circle (a 3) • Tel. 299-1000 •

www.trumpintl.com • 167 Zimmer •
♿ • €€€€

Waldorf-Astoria ▶ S. 147, D 13

Wo Präsidenten schlafen • Neben
dem »Plaza« New Yorks berühmtes-
tes Hotel. Nachdem es in den letzten
Jahren etwas ins Schlittern geraten
war, wurde es vom »Hilton«-Kon-
zern, der es stolz sein »Flaggschiff«
nennt, von Grund auf renoviert und
erstrahlt wieder im alten Glanz. Zwischen den Zimmern gibt es nach
Ausstattung und Größe erhebliche
Unterschiede. Die obersten Etagen
(28 bis 42) werden als »Waldorf
Towers« wie ein eigenes Hotel geführt. Hier pflegen US-Präsidenten
abzusteigen, wenn sie New York besuchen. Ab 3000 $ pro Nacht – oder
auch bis zum Dreifachen, je nach
Saison und Dauer des Aufenthalts –
steht seine Suite auch gewöhnlichen
Sterblichen zur Verfügung.
Midtown • 301 Park Ave. (zwischen
49th und 50th St.) • U-Bahn: Lexington
Ave./51st St. (b 3) • Tel. 355-3000 •
www.waldorfastoria.com • 1882
Zimmer • ♿ • €€€€

WUSSTEN SIE, DASS …

... Marilyn Monroes berühmte
Szene in »Das verflixte siebte Jahr«
über dem Luftschacht vor dem
Bürohaus 586 Lexington Ave./
Ecke 52nd St. in der Nähe des
»Waldorf-Astoria« gedreht wurde?

HOTELS €€€

Algonquin ▶ S. 146, C 14

Charme der Vergangenheit • Lieb-
lingshotel der Nostalgiker: Hier traf
sich in den Zwanzigern und Dreißi-
gern die berühmte Tafelrunde mit
Alexander Woollcott, Robert Bench-
ley und Dorothy Parker zum Essen
und Lästern. Noch heute kann man
in der »Blue Bar« des Hotels Mitar-
beiter des »New Yorker« sichten, dessen Redaktion schräg gegenüber liegt.
Die Räume sind winzig, aber sehr
hübsch und gemütlich möbliert.
Midtown • 59 West 44th St. (zwischen 5th und 6th Ave.) • U-Bahn:
Times Square (a 3) • Tel. 840-6800 •
www.algonquinhotel.com • 200 Zimmer • ♿ • €€€

Elysée ▶ S. 147, D 13

Having Twenties • Guterhaltenes
Hotel aus den Zwanzigerjahren: Hier
wohnten Vladimir Horowitz, Tennessee Williams und Marlon Bran-
do. In der »Monkey Bar« (auch Restaurant) treffen sich lebenslustige
Büromenschen zum »sundowner«.
Midtown • 60 East 54th St. (zwischen
Madison und Park Ave.) • U-Bahn: 5th
Ave./53rd St. (b 3) • Tel. 753-1066 •
www.elyseehotel.com • 100 Zimmer •
♿ • €€€

Essex House ▶ S. 146, C 13

Japan am Hudson • Das traditionsreiche Art-déco-Hotel am Central
Park wurde von der japanischen
Nikko-Kette übernommen und erfolgreich entstaubt. Von einigen der
knapp 600 Zimmer genießt man
einen grandiosen Ausblick auf den
Central Park.
Upper West Side • 160 Central Park
South (zwischen 6th und 7th Ave.) •
U-Bahn: Columbus Circle (a 3) • Tel.
247-0300; www.jumeirahessex
house.com • 590 Zimmer • ♿ • €€€

Hilton Times Square ▶ S. 146, C 14

Direkt am Times Square • Das Wahrzeichen des von der Zivilisation zu-

Wer im Library Hotel (▶ S. 17) absteigt, kann die Urlaubsliteratur getrost zu Hause lassen. Aber zum Lesen kommt man in New York ohnehin nicht.

rückeroberten Times Square. Zu den Broadway-Theatern ist es nur ein Katzensprung.
Midtown • 234 West 42nd St. • U-Bahn: Times Square (a 3) • Tel. 840-8222 • www.timessquare. hilton.com • 444 Zimmer • ♿ • €€€

Library ▶ S. 147, D 14

Für Bücherfreunde • Von außen lässt die Renaissance-Fassade einen englischen Herrenclub vermuten. Innen stellt der Gast jedoch fest, dass das Hotel seine Nachbarschaft zur Public Library und zur Morgan Library überaus ernst genommen hat: In jedem Zimmer findet er Regale voller gut sortierter Büchern – je nach Stockwerk mathematische, astronomische, botanische oder Reisebücher. Von diesem charmanten Akzent abgesehen herrscht eine eher strenge Eleganz. Der Blick von der »Dichterterrasse« auf die Bürohochhäuser von Midtown ist aber im Preis inbegriffen.
Murray Hill • 299 Madison Ave./ 41st St. • U-Bahn: Grand Central

(b 3) • Tel. 983-4500 • www.library
hotel.com • 60 Zimmer • ♿ • €€€

Mercer ▶ S. 149, D 18

Loft feeling • Wer von den traditionellen Hotels genug hat und sich un-
gern unter Touristen mischt, findet
im Herzen von SoHo eine originelle
Alternative. Auch echte und falsche
Promis wissen das »loft feeling« in
den hohen Räumen, die spartanische
Eleganz und den postmodernen
Chic zu schätzen. Das Restaurant,
mit feinem Understatement »Mercer
Kitchen« genannt, gehört zum Beritt
des Starkochs Jean-Georges Vongerichten, der auch im »Trump International Hotel« die Hungrigen sättigt.
SoHo • 147 Mercer St./Prince St. •
U-Bahn: Prince St. (b 5) • Tel. 966-
6060 • www.mercerhotel.com • 62
Zimmer • ♿ €€€

Morgans ▶ S. 147, D 14

Subtiler Minimalismus • Unter den
New Yorker Hotels »the hottest and
the hippest«. Keine Lobby, mini-
malistisches Dekor in Grau und
Schwarz, Badewannen aus Stahl –
kurz: ein Haus mit eigener Note.
Murray Hill • 237 Madison Ave.
(zwischen 37th und 38th Ave.) •
U-Bahn: Grand Central (b 3) • Tel.
686-0300 • www.morganshotel.com •
154 Zimmer • ♿ • €€€

Royalton ▶ S. 146, C 14

Gedämpfter Futurismus • In den
Neunzigern war die von dem französischen Enfant terrible Philippe
Starck entworfene, futuristische Lobby des Hotels eine New Yorker Sehenswürdigkeit. Unlängst wurde sie
weniger schrill umgestaltet. Reisende,
die moderne Boutique-Hotels mögen, aber ebenso auf Behaglichkeit

nicht verzichten wollen, werden dies
begrüßen. Strategisch günstige Lage
zwischen den Theatern am Broadway
und den Luxusgeschäften an der Fifth
Avenue.
Midtown • 44 West 44th St. • U-Bahn:
Times Square (a 3) • Tel. 869-4400 •
www.royaltonhotel.com • 150 Zimmer • ♿ • €€€

HOTELS €€

Bedford ▶ S. 147, D 14

Auf den Spuren Thomas Manns •
Ein angenehmes, ruhiges Haus. Viele
Räume haben eine Kochstelle. Hier
wohnte die Familie Thomas Manns
nach ihrer Flucht aus Hitler-
Deutschland.
Murray Hill • 118 East 40th St. (zwischen Park und Lexington Ave.) •
U-Bahn: Grand Central (b 3) • Tel.
697-4800 • www.bedfordhotel.com •
200 Zimmer • ♿ • €€

Chelsea ▶ S. 146, C 15

Verblichener Glanz • Noch ein Hotel
für Nostalgiker: In dem Bau von
1884 lebten Mark Twain, Thomas
Wolfe, Tennessee Williams und andere Literaturgrößen. Vom einstigen
Glanz ist nicht mehr viel übrig: Man
muss schon sehr in die Vergangenheit verliebt sein, um die ramponier-
te Gegenwart schön zu finden.
Chelsea • 222 West 23rd St. (zwischen 7th und 8th Ave.) • U-Bahn:
7th Ave./23rd St. (b 4) • Tel. 243-
3700 • www.hotelchelsea.com •
400 Zimmer • ♿ • €€

Edison ▶ S. 146, C 14

Zentrale Lage • Attraktiv ist die Lage
im Herzen des Theaterdistrikts.
Times Square, die Broadway-Shows,
Carnegie Hall – alles von hier aus zu
Fuß erreichbar.

Midtown • 228 West 47th St. (zwischen Broadway und 8th Ave.) •
U-Bahn: 7th Ave./50th St. (b 3) •
Tel. 840-5000 • www.edisonhotel
nyc.com • 1000 Zimmer • ♿ • €€

Excelsior ▶ S. 144, B 11

Am Central Park • In diesem traditionellen Haus im elegantesten Teil der Upper West Side bringt das Goethe House deutsche Gastredner unter. Das Museum of Natural History liegt gleich gegenüber, und der Central Park ist nur ein paar Schritte entfernt.
Upper West Side • 45 West 81st St. (zwischen Central Park West und Columbus Ave.) • U-Bahn: Broadway/79th St. (a 2) • Tel. 362-9200 • www.excelsiorhotelny.com • 198 Zimmer • ♿ • €€

Fitzpatrick Manhattan
▶ S. 147, D 14

Bei Bloomingdale's • Beim jüngsten Ableger einer irischen Kette, handelt es sich um ein gemütliches Boutique-Hotel mit Baldachin-Betten und traditioneller Einrichtung. Die ruhigen und geräumigen Garden Suites kosten etwas mehr. Auch die landesübliche Bierquelle (»Wheeltapper Pub«) fehlt nicht.
Midtown • 687 Lexington Ave. • U-Bahn: Grand Central (b 3) • Tel. 355-0100 • www.fitzpatrickhotels.com • 155 Zimmer • ♿ • €€

Hudson Hotel ▶ S. 146, B 13

Schrill und cool • Der neueste Spross der vom französischen Designer Philippe Starck entworfenen Hotels: ein postmoderner Stilmix, schrill, verrückt und cool. Winzige Schlafzellen, aber durchaus überzeugendes Preis-Leistungs-Verhältnis.
Upper West Side • 356 West 58th St. (zwischen 8th und 9th Ave.) • U-Bahn: Columbus Circle (a 3) • Tel. 554-6000 • www.hudsonhotel.com • 1000 Zimmer • ♿ • €€

Tudor Hotel ▶ S. 147, E 14

Wie bei Heinich VIII. • Tudor City – so heißt die im Tudor-Stil gebaute Wohnsiedlung im Osten der 42. Straße. Auch das zugehörige Hotel gibt sich alle Mühe, das Zeitalter von Heinrich VIII. heraufzubeschwören.
Midtown • 304 East 42nd St. (zwischen 1st und 2nd Ave.) • U-Bahn: Grand Central (b 3) • Tel. 986-8800 • www.tudorhotelny.com • 600 Zimmer • ♿ • €€

W. Times Square ▶ S. 146, C 14

Auf der Höhe des Zeitgeists • Derzeit die »coolste« Adresse im Theaterdistrikt. Die Lobby, sieben Etagen über dem Straßenniveau, ist ein Magnet für junge Leute, die die Dauerbeschallung, das futuristische Design und den Blick auf die Neon-Reklamen genießen. Die Zimmer sind winzig, doch sorgen dicke Doppelfenster dafür, dass der Gast trotz des Straßenlärms jedenfalls im Bett Ruhe hat.
Midtown • 1547 Broadway/47th St. • U-Bahn: Times Square (a 3) • Tel. 930-7400 • www.whotels.com • 500 Zimmer • ♿ • €€€

Washington Square Hotel
▶ S.148, C 17

Unter Studenten • Hier wohnen vor allem junge Leute. Es liegt mitten in Greenwich Village.
Greenwich Village • 103 Waverly Place • U-Bahn: West 4th St. (b 4) • Tel. 777-9515; www.wshotel.com • 160 Zimmer • ♿ • €€

Essen und Trinken
Die Küchen der Welt sind hier zu Hause. Ganz und gar amerikanisch ist dagegen der Coffee Shop. Probieren Sie die kalifornischen Weine; sie stehen den französischen in nichts nach.

◄ Gotham Bar & Grill (► S. 23) besticht seit 25 Jahren mit kreativ interpretierter amerikanischer Küche.

Wer will, kann in New York Kaviar oder Froschschenkel, Vitello tonnato oder Pekingente in hervorragender Qualität genießen. Allein mit der deutschen Küche hapert es; aber wer reist schon nach New York, um dort das Gleiche zu essen, was er jeden Tag haben kann?
Den amerikanischen Kaffee oder auch das Bier wird der deutsche Kenner als zu schwach empfinden. Das reichhaltige Weinangebot wird ihm dagegen keine Wünsche offen lassen. Abgesehen von den auch bei uns reichlich bekannten Fastfoodketten bietet die amerikanische Küche eher Deftiges (Steaks in allen nur denkbaren Variationen) und Knackiges (Salate). Auch Fisch wird in der Regel in ausgezeichneter Qualität serviert.

Im Anzug zum Dinner

Die Art der Küche lässt sich meist am Namen des Restaurants ablesen. In den Spitzenrestaurants ist eine **Reservierung**, manchmal schon mehrere Tage vorher, unabdingbar; auch in der mittleren Klasse empfiehlt sie sich. In den preiswerten Lokalen sind die Kellner häufig arbeitslose Schauspieler oder Tänzer: Wundern Sie sich also nicht, wenn die Bedienung gelegentlich etwas unprofessionell erscheint. Was die Kleidung angeht, so sind die New Yorker förmlicher als die Deutschen. Spitzenrestaurants legen Wert darauf, dass ihre Gäste mit Jacke und Schlips erscheinen. Wenn Sie Zweifel haben, erkundigen Sie sich nach dem »dress code«. Ist die Antwort »casual«, können Sie Ihr Jackett im Hotel lassen.

Gezahlt wird üblicherweise mit Kreditkarte. Das Trinkgeld ist in aller Regel nicht inbegriffen. Der Kellner – dessen Haupteinkünfte die von ihm kassierten Trinkgelder sind – erwartet einen Aufschlag von 15 %. Wer schwach im Kopfrechnen ist, mache es wie die New Yorker: Sie verdoppeln einfach die – stets gesondert ausgewiesene – Steuer (8,25 %) und fügen diese Summe dem Rechnungsbetrag hinzu. Wie alle Regeln hat auch diese Ausnahmen. Mancher Kellner ergreift die Initiative und addiert selbst das Trinkgeld, wenn er Sie bei Tisch Deutsch sprechen hört. Also jedes Mal die Rechnung prüfen!

»Please wait to be seated«

Anders als in Deutschland setzt sich der Gast nicht an einen freien Tisch, sondern wartet, bis ihm ein Platz zugewiesen wird. Verpönt ist es auch, sich zu Unbekannten an den Tisch zu setzen. Seit 2003 darf in allen öffentlichen Räumlichkeiten New Yorks nicht mehr geraucht werden – einschließlich der Restaurants.
Falls Sie nur einen einfachen Imbiss zu sich nehmen wollen, finden Sie in Ihrem Hotel und in jedem Häuserblock eine US-Institution, der Sie sich ohne Zögern anvertrauen können – dem **Coffee Shop**. Mit einem Wiener Kaffeehaus hat der Coffee Shop nichts zu tun, das heißt: Einen Obersg'spritzten und das Sechs-Uhr-Blatt wird man Ihnen nicht servieren, dafür aber jede Art von Sandwiches, Omelettes oder Hamburger und zum Nachtisch einen »apple pie«.

Preise für ein dreigängiges Menü:

€€€€ ab 80 $	€€ ab 30 $
€€€ ab 50 $	€ bis 30 $

AMERIKANISCH

Four Seasons ▶ S. 147, D 13

Power Lunch • Das bessere der beiden Restaurants in Mies van der Rohes klassischem Seagram Building und Treffpunkt der Berühmten und Mächtigen, besonders zum »power lunch«. Am preiswertesten ist das »early dinner« für 37,50 $.
Midtown • 99 East 52nd St. (zwischen Park und Lexington Ave.) • U-Bahn: Lexington Ave./51st St. (b 3) • Tel. 754-9494 • www.fourseasons restaurant.com • Mo–Fr 12–14.30 und 17–21.30, Sa 17–23 Uhr • €€€€

Per Se ▶ S. 144, B 12

Top of the Top • Das Restaurant im Time Warner Center ist eine der heißesten Adressen unter Manhattans Gourmet-Tempeln. Rechnen Sie mit 14 Tagen Wartezeit! Thomas Kellers französisch-amerikanische Kombinationen lohnen die Geduld, und die 175 $ für das einfache Menü (ohne Getränke)sind gut angelegt.
Upper West Side • 10 Columbus Circle • U-Bahn: Columbus Circle (a 3) • Tel. 823-9335 • www.perseny. com • Mo–Do 17.30–22, Fr–So 11.30–13.30 und 17.30–22 Uhr • €€€€

River Café ▶ S. 149, F 19

Unvergleichlicher Blick • Was hier zählt, ist der Blick, besonders am Abend: Das Lichtermeer von Downtown Manhattan ist unwiderstehlich. Die Küche ist dem großen Anspruch, mit dem sie auftritt, nicht immer gewachsen. Ein Drink auf der Terrasse lohnt sich allemal.
Brooklyn • 1 Water St., Brooklyn • U-Bahn: High St. (d 6) • Tel. 718-522-5200 • www.rivercafe.com • Mo–Sa 12–15 und 18–23, So 11–15 und 18–23 Uhr • €€€€

Aquagrill ▶ S. 148, C 18

Für den Fischfreund • Das beste Fischrestaurant in SoHo, immer voll. Standardgerichte zu zivilen Preisen. Preisgekrönte Weinkarte. Im Sommer sitzt man draußen.
SoHo • 210 Spring St./6th Ave. • U-Bahn: Spring St. (b 5) • Tel. 274-0505 • www.aquagrill.com • Di–Do 12–22.45, Fr und Sa 12–23.45, So 12–16 und 18–22.30 Uhr • €€€

Blue Water Grill ▶ S. 147, D 16

Sex and the City • Dass die jungen Frauen in »Sex and the City« hier über ihre Bettgenossen tratschen, hat dem geräuschvollen Treffpunkt lebenslustiger Fischfreunde bestimmt nicht geschadet. Im Kellergeschoss sorgt eine Jazzband für launige Tafelmusik. Bei warmem Wetter isst man »outdoors«.
Gramercy • 31 Union Square/16th St. • U-Bahn: Union Square (b 4) • Tel. 675-9500 • www.brguestrestaurants. com • So–Mi Dinner bis 23, Do–Sa bis 24 Uhr • €€€

Café Luxembourg ▶ S. 144, B 12

Zuverlässig • In der Umgebung des Lincoln Center hat das Luxembourg die zuverlässigste Küche – Nouvelle Cuisine mit amerikanischen Akzenten. Serviert in minimalistischer Art-déco-Atmosphäre.
Upper West Side • 200 West 70th St. (unweit Amsterdam Ave.) • U-Bahn: Broadway/72nd St. (a 2) • Tel. 873-7411 • www.cafeluxembourg.com • Mo–Fr 9–24, Sa und So 10.30–24 Uhr • €€€

Craft ▶ S. 147, D 16

Für Bastler • »Design your own meal« ist hier die Devise: Der Gast stellt sich sein Menü – sorgfältig zu-

Das Per Se (▶ S. 22) verspricht unvergessliche Eindrücke auf höchstem kulinarischen und preislichen Niveau. Der Blick über den Central Park ist inbegriffen.

bereitete amerikanische Gerichte – wie ein Puzzle selbst zusammen. Manche finden dies verwirrend; die New Yorker flogen jedenfalls sofort auf den neuen Trend. Die benachbarte Craftbar serviert italienische Snacks.
Gramercy • 41 East 19th St. (zwischen Broadway und Park Ave. South) • U-Bahn: Union Square (b 4) • Tel. 780-0880 • www.craftrestaurant.com • Di–So Dinner bis 22 Uhr • €€€

Gotham Bar & Grill   ▶ S. 147, D 16
Nobel, aber relaxed • Hier treffen sich Professoren der nahen New York University und eine coole »Uptown-Crowd«, um in eleganter, aber entspannter Atmosphäre erstklassige amerikanische Küche zu genießen. Wer dabeisein will, muss unbedingt reservieren!
Greenvich Village • 12 East 12th St. (zwischen 5th Ave. und University

Place) • U-Bahn: Union Square (b 4) • Tel. 620-4020 • www.gotham barandgrill.com • Dinner Mo–Do, So bis 22 Uhr, Fr, Sa bis 23 Uhr • €€€

Gramercy Tavern   ▶ S. 147, D 16
Rustikal • Noch ein Renner in der Gegend um den Union Square, die sich zu einem Schwerpunkt der New Yorker Gastronomie entwickelt hat. Amerikanische Küche, rustikale Atmosphäre, lässig-elegantes Publikum. Mehrere Tage vorher reservieren!
Gramercy • 42 East 20th St. (zwischen Broadway und Park Ave. South) • U-Bahn: Union Square (b 4) • Tel. 477-0777 • www.gramercytavern.com • Dinner Mo–Do, So bis 22 Uhr, Fr, Sa bis 23 Uhr • €€€

Odéon   ▶ S. 149, D 19
Für Nachtschwärmer • Das Gegenstück zum »Café Luxembourg« im Tribeca-District. In Ambiente (Art

déco) und Küche (Nouvelle Cuisine) sind beide sehr ähnlich.
Tribeca • 145 West Broadway/Ecke Thomas St. • U-Bahn: West Broadway/Chambers St. (b 5) • Tel. 233-0507 • www.theodeonrestaurant.com • Mo–Mi, So Dinner bis 1, Do–Sa bis 2 Uhr • €€€

One if by Land, Two if by Sea
▸ S. 148, C 17

Kaminfeuer und Klaviermusik • Das stimmungsvollste Lokal – ein 200-jähriges Kutschenhaus mit Kamin und Klaviermusik – im Village. Kritiker finden es teuer und prätentiös. Der Name des Lokals stammt aus einem patriotischen Gedicht von Henry Wadsworth Longfellow.
Greenwich Village • 17 Barrow St. (nahe 7th Ave.) • U-Bahn: Christopher St. (b 4) • Tel. 255-8649 • www.oneifby land.com • Dinner Mo–Do bis 22, Fr, Sa bis 23.15, So bis 21.30 Uhr • €€€

Oyster Bar
▸ S. 147, D 14

Fisch in allen Varianten • Bahnhofs-restaurants werden von Feinschme-ckern im Allgemeinen gemieden. Dies ist eine Ausnahme. Gute Fischgeri-te in großer Auswahl. Besonders gemütlich ist der »Saloon«.
Midtown • Grand Central Station, Untergeschoss • U-Bahn: Grand Central (b 3) • Tel. 490-6650 • www.oysterbarny.com • Mo–Sa Dinner bis 21.30 Uhr • €€€

Palm
▸ S. 147, E 14

Klassische Steaks • Ruppige Kellner, Sägespäne auf dem Boden, Karikaturen von berühmten Kunden an den Wänden und echte Mammutportionen auf den Tellern – in den beiden einander gegenüberliegenden Steak-häusern fühlen sich die Gäste in die Zwanzigerjahre zurückversetzt.
Midtown • 837 und 840 2nd Ave. (zwischen 44th und 45th St.) • U-Bahn:

Die Oyster Bar (▸ S. 24) in der Grand Central Station sieht nicht unbedingt wie ein Bahnhofsrestaurant aus. Gutes Essen wird hier groß geschrieben.

Grand Central (b 3) • Tel. 687-2953 und 697-5198 • www.thepalm.com • Lunch Mo–Fr 12–15, Dinner tgl. bis 23.30 Uhr • €€€

Peter Luger Steak House

▶ S. 150, nördl. C 21

Die besten Steaks von New York • In dieser altdeutschen Bierhalle in Brooklyn gibt es nach allgemeiner Übereinkunft die besten Steaks der ganzen Stadt. Kenner und Liebhaber nehmen den kurzen Ausflug nach Williamsburg auf der anderen Seite des East River gern in Kauf. Bezahlt wird hier noch ganz konventionell in bar, nicht mit Kreditkarte.
Brooklyn • 178 Broadway, Williamsburg (Brooklyn) • U-Bahn: Marcy Ave. (d 5) • Tel. (718) 387-7400 • www.peterluger.com • Dinner Mo–Do, So bis 21.45, Fr, Sa bis 22.45 Uhr • €€€

Sparks Steak House

▶ S. 147, D 14

Für Liebhaber roten Fleisches • Nicht nur die Steaks, auch die Weine sind von vorzüglicher Qualität. Wer nicht endlos warten will, sollte reservieren.
Midtown • 210 East 46th Street (zwischen 2nd und 3rd Ave.) • U-Bahn: Grand Central (b 3) • Tel. 687-4855 • www.sparkssteakhouse.com • Mo–Fr 12–23, Sa 17–23.30 Uhr • €€€

Union Square Café ▶ S. 147, D 16

Locker und lecker • Umfragen bestätigen es immer wieder: Das »Union Square Café« ist das beliebteste Restaurant der New Yorker – eine überzeugende Mischung von urbaner Atmosphäre, liebenswürdigem Service und wohlschmeckender amerikanischer Küche.

Gramercy • 21 East 16th St. (zwischen 5th Ave. und Union Square) • U-Bahn: Union Square (b 4) • Tel. 243-4020 • www.unionsquarecafe.com • Dinner Mo–Do, So bis 21.45, Fr, Sa bis 22.45 Uhr • €€€

Empire Diner ▶ S. 146, B 15

Speisewagen • In diesem Art-déco-Speisewagen bekommt man rund um die Uhr Uramerikanisches auf den Teller. Je später der Abend, umso pittoresker die Gäste. Die beste Zeit ist zwischen Mitternacht und drei Uhr morgens. Die Klaviermusik ist im Preis inbegriffen.
Chelsea • 210 10th Ave./22nd St. • U-Bahn: 7th Ave./23rd St. (a 4) • Tel. 243-2736 • tgl. durchgehend geöffnet • €€

WUSSTEN SIE, DASS …

… der Mafiaboss Paul Castellano am 16. Dezember 1985 vor »Sparks Steak House« von drei Herren im Trenchcoat erschossen wurde? Der Beliebtheit des Lokals bei Herren mit gutem Appetit tat dies keinen Abbruch.

Joe Allen ▶ S. 146, B 13

Unter Schauspielern • Unter den vielen Gaststätten der »Restaurant Row« – so nennt sich die 46. Straße zwischen Eighth und Ninth Ave. – ist dieses eines der beliebtesten, besonders bei beschäftigten oder arbeitslosen Schauspielern. Die Küche ist deftig und schlicht.
Midtown • 326 West 46th St. (zwischen 8th und 9th Ave.) • U-Bahn: Times Square (a 3) • Tel. 581-6464 • www.joeallenrestaurant.com • tgl. Dinner bis Mitternacht • €€

Swifty's
▶ S. 145, D 11

Schickeria • Nachdem »Mortimer's«, der Treffpunkt der East-Side-Schickeria, seinen Geist aufgegeben hatte, zogen Personal und Klientel in diese neue Stätte. Das Angebot reicht kaum über Coffee-Shop-Niveau hinaus, aber das piekfeine Publikum hat mindestens drei Michelin-Sterne verdient.

Upper East Side • 1007 Lexington Ave. (zwischen 72nd und 73rd St.) • U-Bahn: Lexington Ave./77th St. (b2) • Tel. 535-6000 • www.swiftysny.com • tgl. Lunch 12–15, Dinner 18–23 Uhr • €€

Carnegie Deli
▶ S. 146, C 13

Sandwiches für Hungrige • In seinem Film »Broadway Danny Rose« setzte Woody Allen diesem Nabel der New Yorker Theaterwelt ein Denkmal. Ostjüdische (koschere) Küche in allen Variationen. Leider hat die Popularität die Sitten verdorben, und die angebotenen Riesensandwiches sind manchmal schon etwas betagt.

Midtown • 854 7th Ave. (zwischen 54th und 55th St.) • U-Bahn: 7th Ave./50th St. (a 3) • Tel. 757-2245 • www.carnegiedeli.com • tgl. bis 4 Uhr €

ASIATISCH

Nobu
▶ S. 148, C 18

Exotische Kombinationen • Raffinierte japanisch-peruanische Gerichte. Spezialitäten: »black cod« (schwarzer Kabeljau) und Rindfleisch aus Kobe. Das Personal erklärt gern die exotischen Kunstwerke. Wer nicht Wochen im Voraus buchen will, hält sich früh am Abend beim Nachbarn »Next Door Nobu« schadlos, wo genauso gut gekocht wird, aber keine Reservierungen angenommen werden.

Tribeca • 105 Hudson St./Franklin St. • U-Bahn: Franklin St. (b 5) • Tel. 219-0500 • www.myriadrestaurantgroup.com • Mo–Fr 11.45–14.15 und 17.45–22.15, Sa und So 17.45–22.15 Uhr • €€€€

Vong
▶ S. 147, D 13

French-Thai • Ebenso exotische wie exquisite Küche, die französische und thailändische Elemente auf höchst originelle Weise miteinander verbindet. Nichts für Lärmempfindliche.

Midtown • 200 East 54th St./3rd Ave. • U-Bahn: Lexington Ave./51st St. (b 3) • Tel. 486-9592 • www.jean-georges.com • Dinner Mo–Sa bis 23 Uhr, So geschl. • €€€

WUSSTEN SIE, DASS …

… der Milliardenbetrüger Bernard Madoff sein Büro im »Lipstick Building«, in dem das »Vong« residiert, hatte? Laut einer Umfrage ist der an einen Lippenstift erinnernde Wolkenkratzer das meistgehasste Bauwerk der Stadt.

Chin Chin
▶ S. 147, D 13

Chinesische Nouvelle Cuisine • Auf den Tisch kommt modern interpretierte chinesische Küche in unaufdringlich-postmodernem Rahmen. Flottes Publikum.

Midtown • 216 East 49th St. • U-Bahn: Lexington Ave./51st St. (b 3) • Tel. 888-4555 • www.chinchinny.com • tgl. Dinner bis 23.30 Uhr • €€

Le Colonial
▶ S. 147, D 13

Tropisch • Erstklassige vietnamesische Küche mit dem Ambiente eines Tropenhotels der Jahrhundertwende. Zuvorkommender Service, der

dem unkundigen Gast gern die exotische Speisekarte erklärt.
Midtown • 149 East 57th St. • U-Bahn: Lexington Ave./59th St. (b 3) • Tel. 752-0808 • www.lecolonialnyc.com • Mo–Sa Dinner bis Mitternacht, So geschl. • €€

Shun Lee West ► S. 144, B 12

Peking-Ente • Erstklassige chinesische Küche in spektakulärem Rahmen und zu vernünftigen Preisen. Probieren Sie unbedingt die Peking-Ente! Kleine Snacks, darunter die köstlichen Dim Sum, werden im benachbarten »Café« serviert.
Upper West Side • 43 West 65th St. (Broadway) • U-Bahn: Lincoln Center (a 3) • Tel. 595-8895 • www.shunleewest.com • Mo–Sa Dinner bis 24 Uhr, So bis 22.30 Uhr • €€

Joe's Shanghai ► S. 149, D 18

Authentischer geht's nicht • Chinesisch essen in Chinatown ist ein exotisches und obendrein preiswertes Abenteuer. Joe's drei Restaurants, darunter eines in Chinatown, sind Institutionen, berühmt für ihre »steamed buns« (Klöße aus Schweine- oder Krabbenfleisch, Nr. 1 und 2 auf der Speisekarte). Aber auch die übrigen Spezialitäten der Shanghai-Küche, darunter der pikante »yellow fish« (Mandarinfisch), fehlen nicht. Keine Kreditkarten.
Chinatown • 9 Pell St. • U-Bahn: Canal St. (b 5) • Tel. 233-8888 • www.joeshanghairestaurants.com • tgl. Dinner bis 23 Uhr €

FRANZÖSISCH
Le Bernardin ► S. 146, C 13

Edler Fisch • Ein Ableger des gleichnamigen, aber nicht mehr existierenden Pariser Restaurants; wohl New Yorks bestes Fischlokal. Luxuriöse Ausstattung, zuvorkommender, effizienter Service.
Midtown • 155 West 51st St. (zwischen 6th und 7th Ave.) • U-Bahn: Rockefeller Center (b 3) • Tel. 554-1515 • www.le-bernardin.com • Mo–Fr 12–14.30 und 17.30–22.30, Sa 17.30–23 Uhr • €€€€

Bouley ► S. 149, D 18

Haute Cuisine • David Bouley ist wieder da. Der quirlige Meister der französischen Haute Cuisine hat den Standort gewechselt und serviert seine Meisterwerke jetzt im Gewölbe seiner früheren Bäckerei. Wer sparen will, kommt mittags und bestellt das 35-Dollar-Menü.
Tribeca • 120 West Broadway/Duane St. • U-Bahn: Chambers St. (b 5) • Tel. 964-2525 • www.davidbouley.com • tgl. 11.30–23.30 Uhr • €€€€

Chanterelle ► S. 148, C 18

Noch eine Haute Cuisine • Erlesene Küche in einer eher schäbigen Gegend. Im Stadtteil Tribeca ist es mit Abstand die Nummer eins.
Tribeca • 2 Harrison St./Hudson St. • U-Bahn: West Broadway/Chambers (b 5) • Tel. 966-6960 • www.chanterellenyc.com • So–Do 17.30–23, Fr und Sa 12–14.30 und 17.30–23 Uhr • €€€€

Daniel ► S. 145, D 12

Großer Stil • Klassische französische Küche in klassischem Ambiente. Wer nicht auf der Upper East Side geboren ist, mag den Service übermäßig zeremoniös finden. In der Lounge geht es ungezwungener zu, und Herren ohne Krawatte werden nicht sofort vom Platz verwiesen.

Upper East Side 60 East 65th St. (zwischen Park und Madison Ave.) • U-Bahn: Hunter College (b 2) • Tel. 288-0033 • www.danielnyc.com • tgl. 17.30–23 Uhr • €€€€

La Grenouille ▸ S. 147, D 13

Alte Schule • Sehr elegantes Midtown-Restaurant, berühmt für seinen extravaganten Blumenschmuck. Hier speisen die Liebhaber der klassischen Küche. Das Dinner kostet etwas weniger als ein Flug nach Paris. Midtown • 3 East 52nd St. (nahe 5th Ave.) • U-Bahn: Lexington Ave./51st St. (b 3) • Tel. 752-1495 • www.la-grenouille.com • Di–Do 12–15 und 17–22, Fr 12–15 und 17–23, Sa 17–23 Uhr • €€€€

Jean-Georges ▸ S. 144, C 12

Nouvelle Cuisine • Neuester Stützpunkt des kulinarischen Reichs von Jean-Georges Vongerichten, der französische und fernöstliche Rezepte fantasievoll kombiniert. Im »Nougatine Room« geht es zwangloser (und preiswerter) zu. Upper West Side • Trump International Hotel, 1 Central Park West • U-Bahn: Columbus Circle (c 3) • Tel. 299-3900 • www.jean-georges.com • Mo–Fr 12–14.30 und 17.30–23, Sa 17.15–23 Uhr • €€€€

Petrossian ▸ S. 146, C 13

Schwarzes Gold • Kaviar ist die Spezialität des Hauses. Sehenswerte Art-déco-Ausstattung: Man fühlt sich wie in einem Hollywood-Musical der Dreißigerjahre. Midtown • 182 West 58th St./7th Ave. • U-Bahn: Columbus Circle (a 3) • Tel. 245-2214 • www.petrossian.com • Mo–Sa 11.30–15 und 17.30–23.30, So nur bis 22.30 Uhr • €€€€

Balthazar ▸ S. 147, D 13

Wie in Paris • Inzwischen hat sich die Aufregung über diese fast schon allzu perfekte Kopie einer Pariser Brasserie etwas gelegt, und es ist möglich, auch ohne Beziehungen einen Tisch zu ergattern. Geboten werden klassische Bistro-Gerichte zu überraschend vernünftigen Preisen. SoHo • 80 Spring St./Crosby St. • U-Bahn: Spring St. (b 5) • Tel. 965-1414 • www.balthazarny.com • Mo–Sa 19.30–1.30, So 20–0.30 Uhr • €€€

Chez Josephine ▸ S. 146, C 14

Bistro mit Musik • Jean-Claude Baker, eines der 13 Adoptivkinder von Josephine Baker, hat dem neuen Theaterviertel westlich der Ninth Ave. dieses französische Bistro beschert – mit Gemälden und Plakaten, die seine Adoptivmutter in verschiedenen Stadien der Entblößung zeigen. Klaviermusik. Midtown • 414 West 42nd St. • U-Bahn: Times Square (a 3) • Tel. 594-1925 • www.chezjosephine.com • Mo–Sa 17–1 Uhr • €€€

Orsay ▸ S. 145, D 11

Pariser Brasserie • Wie in einer Pariser Brasserie kommt sich der Gast dieses noch recht neuen Mitglieds der New Yorker Gourmet-Szene vor. Geboten wird eine gute französische Küche. Immer gut besucht – also unbedingt vorbestellen! Upper East Side • 1057 Lexington Ave. (75th St.) • U-Bahn: Lexington Ave./77th St. (b 2) • Tel. 517-6400 • www.orsayrestaurant.com • tgl. Lunch 12–15, Dinner 17.30–23 Uhr • €€€

Pastis ▸ S. 146, B 16

Noch eine Brasserie • Keith McNally, der Erfinder von »Balthazar« (▸ S. 28),

Der Elsässer Meisterkoch Jean-Georges Vongerichten kocht gleich in zwei New Yorker Hotelrestaurants, im Trump International (▶ S. 15) und im Mercer (▶ S. 18).

hat wieder eine Brasserie aus Frankreich importiert, nun in den Meat-Packing District. Für People-Watcher und Nachteulen.

Greenvich Village • 9 Ninth Ave./Little West 12th St. • U-Bahn: 14th St./8th Ave. (a 4) • Tel. 929-4844 • www. pastisny.com • So–Di Dinner bis 1, Mi–Do bis 2, Fr–Sa bis 3 Uhr • €€€

ITALIENISCH

Del Posto ▶ S. 146, B 16

Nr. 1 in Chelsea • Der von der New Yorker Presse mit Vorschusslor-

beeren überschüttete Neuankömmling hat das Lob durchaus verdient: Chelsea ist um eine Attraktion reicher. Das Lokal besticht sowohl durch sein nobles Design mit viel Mahagoni und Marmor wie auch durch seine exquisite italienische Küche. Ebenso erlesen und umfangreich ist die Weinkarte.

Chelsea • 85 10th Ave. /16th St. • U-Bahn: 8th Ave./14th St. (a 4) • Tel. 497-8090 • www.delposto.com • Mo und Di 17–23, Mi–Fr 12–23, Sa 16.30–23, So 16.30–22 Uhr • €€€€

Babbo ▶ S. 148, C. 17

Entspannt, aber fantasievoll • Beliebtes italienisches Lokal im Village mit fantasievollen Gerichten, einer großen Weinauswahl und einer angenehmen, entspannten Atmosphäre. Greenwich Village • 110 Waverly Place/6th Ave. • U-Bahn: West 4th St. (b 4) • Tel. 777-0303 • www.babbonyc.com • Mo–Sa 17.30–23.30, So 17–23 Uhr • €€€

Il Cantinori ▶ S. 147, D 16

Publikumsliebling • Eines der besten italienischen Lokale im Village, sehr populär und daher leider oft ausgebucht. Das reichhaltige Angebot italienischer Weine verwirrt sogar Kenner. Zwanglose Atmosphäre. Greenwich Village • 32 East 10th St. (zwischen University Place und Broadway) • U-Bahn: Broadway/8th St. (b 4) • Tel. 673-6044 • www.il cantinori.com • tgl. Dinner bis 23.30 Uhr, Fr, Sa bis Mitternacht • €€€

Orso ▶ S. 146, B 14

Treffpunkt der Stars • Wer nach einer Broadway-Show bei diesem klassischen Italiener soupieren möchte, sollte früh reservieren, denn die »Perle der Restaurant Row« ist das Stammlokal der Broadway-Stars. Midtown • 322 West 46th St. (zwischen 8th und 9th Ave.) • U-Bahn: Times Square (a 3) • Tel. 489-7212 • www.orsorestaurant.com • tgl. Dinner bis 23.45 Uhr • €€€

Remi ▶ S. 146, C 13

Nach dem Theater • Unter einem überdimensionalen Canal-Grande-Fresko wird hier vorzügliche italienische Küche serviert. Im Atrium können notorische Raucher ungeniert ihrem Laster frönen. Midtown • 145 West 53rd St. (7th Ave.) • U-Bahn: 7th Ave./50th St. (b 3) • Tel. 581-4242 • www.remi-ny.com • 12–15, 18–23.30 Uhr, So nur Dinner • €€€

Tribeca Grill ▶ S. 149, D 18

Bei Robert de Niro • Einer der sympathischsten Neulinge der New Yorker Gastronomie, von Robert de Niro zusammen mit anderen Filmgrößen gegründet. Spartanische Eleganz, solide italo-amerikanische Küche, attraktives Publikum. Tribeca • 375 Greenwich St./Franklin St. • U-Bahn: Franklin St. (b 5) • Tel. 941-3900 • www.myriadrestaurant group.com • tgl. Dinner bis 23 Uhr • €€€

Bottino ▶ S. 146, B 15

Nach dem Galeriebesuch • Hier trifft sich eine voll im Trend liegende »crowd« nach dem Besuch der neuen Galerienszene in Chelsea. Die norditalienische Küche ist in Ordnung, aber »nothing to write home about«. Bestellen Sie einen Tisch im Garten! Chelsea • 246 10th Ave. (zwischen 24th und 25th St.) • U-Bahn 8th Ave./23rd St. (b 4) • Tel. 206-6766 • www.bottinonyc.com • Di–Sa Lunch 12–15, tgl. Dinner bis 23 Uhr • €€

Café Fiorello ▶ S. 144, B 12

Vor der Oper • Preiswerter Italiener gegenüber dem Lincoln Center und daher ein populärer Ankerplatz für Opernliebhaber. Schön dünne Pizzas, appetitliche Salate, Pasta in allen Variationen. Eilige essen an der Theke. Im Sommer mit Straßenterrasse. Upper West Side • 1900 Broadway (zwischen 63rd und 64th St.) • U-Bahn: Lincoln Center (a 3) • Tel. 595-5330 • www.cafefiorello.com • Mo–

Fr durchgehend 11.30–1 Uhr, Sa 10–
1 Uhr, So 10–23.30 Uhr • €€

Fred's at Barneys ▶ S. 145, D 12

Modelwatching • Im obersten Stock
des Bekleidungshauses Barney's
lunchen die hübschesten Models.
Man serviert Pizza, aber auch Risot-
to und andere Gerichte, die nicht
dick machen. Hier rasten Augen-
menschen beim Bummel auf der
Madison Avenue.
Upper East Side • 660 Madison Ave./
61st St. • U-Bahn: Lexington Ave./
59th St. (b 3) • Tel. 833-2200 • Mo–Sa
Dinner bis 22.30 Uhr, So geschl. • €€

Grimaldi's ▶ S. 149, F 19

Pizzakönig • Wer sich nach einem
Spaziergang durch Brooklyn Heights
stärken will, findet bei diesem be-
scheidenen Italiener die beste Pizza
in New York. Manche »Manhattanites« überqueren die Brücke nur zu
dem Zweck, sich die zarten, nach
echter neapolitanischer Tradition
gebackenen Krusten auf der Zunge
zergehen zu lassen.
Brooklyn • 19 Old Fulton St., Brooklyn
(unter der Brooklyn Bridge) • U-Bahn:
Clark St. (d 5) • Tel. (718) 858-4300 •
Dinner bis 22.45 Uhr, Fr, Sa bis 23.45
Uhr • €

MEXIKANISCH

Rosa Mexicano ▶ S. 144, B 12

Hasta la vista • In Enchiladas, Tortil-
las und Margeritas vernarrte »Grin-
gos« strömen zu diesem von einem
9 m hohen Wasserfall beherrschten
Neuankömmling am Lincoln Center.
Upper West Side • 61 Columbus
Ave./62nd St. • U-Bahn: Columbus
Circle (a 3) • Tel. 977-7700 • www.
rosamexicano.com • Di–Sa Dinner bis
23.30 Uhr, So, Mo bis 22 Uhr • €€

ÖSTERREICHISCH

Wallsé ▶ S. 148, B 17

Wien lässt grüßen • Ein origineller
Neuling: Wiener Nouvelle Cuisine
im modischen Meat-Packing District.
An den Wänden hängen Bilder von
Julian Schnabel, der dort auch
Stammgast ist.
Greenwich Village • 344 West 11th
St./Washington St. • U-Bahn: 8th
Ave./14th St. (a 4) • Tel. 352-2300 •
www.wallse.com • Dinner tgl. bis
23.30 Uhr • €€€

RUSSISCH

Russian Tea Room ▶ S. 146, C 13

Wie zur Zarenzeit • Das rot-grüne
Monument gleich neben der Carnegie Hall meldet sich nach vorüber-
gehender Schließung im alten Glanz
zurück. Wer theatralische Atmosphäre und (wenngleich mittelprächtige)
russische Küche mag, wird den Besuch genießen.
Midtown • 150 West 57th St. (zwischen 6th und 7th Ave.) • U-Bahn: 7th
Ave./57th St. (b 3) • Tel. 581-7100 •
www.russiantearoomnyc.com • Lunch
Mo–Fr 11.30–14.30 Uhr, Brunch Sa
11–15 Uhr, Dinner Mo–Sa 17–23
Uhr, So geschl. • €€€

SKANDINAVISCH

Aquavit ▶ S. 147, D 13

Skandinavisch • Mal etwas anderes:
skandinavische Küche der Spitzen-
klasse in elegant-unterkühlter Atmosphäre. Im Café in der oberen Etage
geht es ungezwungener (und etwas
preiswerter) zu.
Midtown • 65 East 55th St. (zwischen
Madison und Park Ave.) • U-Bahn: 5th
Ave./53rd St. (b 3) • Tel. 307-7311 •
www.aquavit.org • Mo–Sa 12–14.30
und 17.30–22.30, So 17–22.45 Uhr •
€€€

grüner
reisen

Wer zu Hause umweltbewusst lebt, möchte dies vielleicht auch im Urlaub tun. Mit unseren Empfehlungen im Kapitel grüner reisen wollen wir Ihnen helfen, Ihre »grünen« Ideale an Ihrem Urlaubsort zu verwirklichen und Menschen zu unterstützen, denen ein verantwortungsvoller Umgang mit der Natur am Herzen liegt.

New York – auch ein Ausflug ins Grüne

Wer die Natur in Amerika sucht, wird nicht gerade nach New York fliegen. Mit der Schönheit der amerikanischen Nationalparks kann die Weltstadt selbstverständlich nicht konkurrieren. Andererseits gehört New York aber auch nicht zu den Metropolen, die unter einer Smogglocke zu ersticken drohen: Das Fehlen von Schornsteinindustrien und die Brisen vom nahen Meer sorgen dafür, dass sich die New Yorker weit öfter an einem strahlend blauen Himmel freuen können als etwa die Münchner. Der Central Park im Herzen Manhattans ist nur einer – und bei Weitem nicht der größte – der vielen Parks, die zusammen ein Siebtel der Stadt bedecken. 22 km Ozeanstrand, vier zoologische und vier botanische Gärten gehören gleichfalls dazu. Doch haben die meisten Besucher nicht die Zeit, von der »grünen« Seite New Yorks mehr als nur flüchtig Notiz zu nehmen. Für diejenigen, die bei ihren Wanderungen durch das Häusermeer den Kontakt mit Mutter Natur nicht gänzlich missen mögen, empfehlen wir einen Abstecher zum Brooklyn Botanic Garden, dem japanischsten der vier botanischen Gärten gleich neben dem Brooklyn Museum (▶ S. 92) – besonders attraktiv zur Zeit der Kirschblüte im April.

ÜBERNACHTEN

70 Park Avenue Hotel

▸ S. 147, D 14

Ein Hotel, in dem Sie sich wie in der freien Natur fühlen, gibt es in Manhattan nicht. Dieses klassisch möblierte Haus unweit der Morgan Library tut immerhin sein Bestes, um die Natur zu schonen. Zu seinem »earth friendly housekeeping« gehören energiesparende Klimaanlagen und Glühbirnen, gedrosselte Duschen, giftfreie Reinigungsmittel und im Restaurant Biokost. Recycling wird ganz groß geschrieben. • Murray Hill • 70 Park Ave./38th St. • U-Bahn: Park Ave/33rd St. (b 4) • Tel. 973-2400 • www.70parkave.com • 205 Zimmer • €€

ESSEN UND TRINKEN

Blue Hill

▸ S. 148, C 17

Zur Zeit der Prohibition frönten hier Unverbesserliche dem verbotenen Alkohol. Heute ist das Kellerlokal der Vatikan der Slow-Food-Bewegung im Village. Die meisten Ingredienzen baut der Chef, Dan Barber, auf seiner Farm in Westchester County nördlich von New York selbst an. »This Morning's Farm Egg«, eines der Vorgerichte, serviert mit Pfifferlingen, Mais und Tomatenconfit, legt die Annahme nahe, dass das Ei am gleichen Tag gelegt wurde. Das »Pastured Chicken in the Style of Summer Pot au Feu« ist nicht etwa in einem Käfig groß geworden, bevor es im Kochtopf landete, sondern auf der grünen Wiese. Auch das »grass fed«-Lamm durfte sich auf der Wiese austoben, bevor es den Weg allen Fleisches ging. Greenwich Village • 75 Washington Place (zwischen Washington Square und Sixth Ave.) • U-Bahn: Washington Square (b 4) • Tel. 539-1776 • www.bluehillnyc.com • nur Dinner Mo–Sa bis 23, So bis 22 Uhr • €€€

Pure Food and Wine

▸ S. 147, D 16

Dieses 2004 gegründete, vegetarische Gartenrestaurant in der Nähe des »Gramercy Park« hat erfolgreich bewiesen, dass man sich nicht mit Salaten begnügen muss, wenn man Wert darauf legt, Vitamine, Enzyme und Mineralien nicht im Kochtopf verdampfen zu lassen. Das Geheimnis ist, die Rohkost nur bis maximal 48 Grad zu erhitzen. Publikum und Kritik fanden sofort Gefallen an dem japanischen Rübencarpaccio mit marinierten provençalischen Trüffeln, den thailändischen Kokosnudeln mit Curry, den Kürbisblüten mit Fenchel, Kapern und Kräuterkäse, um nur einige der exotischen Mixturen zu nennen. Gramercy • 54 Irving Place (zwischen 17th und 18th St.) • U-Bahn: Union Square (b 4) • Tel. 477-1010 • www.purefoodandwine.com • nur Dinner tgl. bis 23 Uhr • €€€

Angelica Kitchen

▸ S. 147, E 16

Unter den vielen Essplätzen im East Village, die sich der Biokost verschrieben haben, ist dieser einer der ältesten. Die Küche ist streng vegetarisch; nicht einmal Eier oder Milch werden verwendet, auch kein raffinierter Zucker. Dafür rühmt sich der Koch, der seine Kunst bei einem japanischen Akupunkteur erlernte, dass die Produkte auf dem Tisch oft weniger als 48 Stunden vorher geerntet wurden, überwiegend auf kleinen Familienfarmen. Wem es hier schmeckt, der kann die Lieblingsrezepte der Stammkundschaft in einem Kochbuch nach Hause tragen. Nur Barzahlung, keine Kreditkarten. East Village • 300 East 12th St./2nd Ave. • U-Bahn: Union Square (b 4) • Tel. 228-2909 • www.angelicakitchen.com • tgl. 11.30–22.30 Uhr • €

Better Burger ▸ S. 146, C 16

Sie lieben Hamburger, haben aber beim Verzehr ein schlechtes Gewissen? Dann ist dieses Lokal in Chelsea vielleicht die Antwort auf Ihre Seelenqualen. »Better Burger« – mit zwei weiteren Filialen in Manhattan – empfiehlt sich als organisches Gegenstück zu den unzähligen Vertrieben von lieblos zusammengeklatschtem Junkfood. Der »Pilgrim's Loaf«, eine Hommage an die Pilgerväter auf der »Mayflower«, bezieht sein Fleisch nur aus »natürlichem Truthahn«. Der »Cowboy Loaf« besteht aus »natürlichem Hackfleisch, angemacht mit Gewürzen des Südwestens, geröstetem Mais, Paprika und geschmolzenem Cheddar Cheese«. Die Säfte, die man dazu trinkt, sind alle frisch gepresst, für die Milkshakes wird entrahmte Milch verwendet.
Chelsea • 178 8th Ave./19th St. • U-Bahn: 7th Ave./18th St. (a 4) • Tel 989-6688 • www.betterburger.com • So–Do 11–23, Fr, Sa bis 23.30 Uhr • €

Blossom ▸ S. 146, B 16

Gemütlichkeit bei Kerzenschein und Kaminfeuer bietet dieses Townhouse im trendigen Galerieviertel. Die Küche ist nicht nur vegetarisch, sondern „vegan", d. h. auch Tierprodukte wie Milch, Eier und Honig werden hier verschmäht. Außerdem ist sie koscher und verwendet nur organische Produkte. Dass die pflanzlichen Imitate von Kalbsschnitzeln und anderen Fleischgerichten Gourmet-Ansprüchen genügen, haben Auszeichnungen wiederholt bestätigt.
Chelsea • 187 9th Ave. (zwischen 21th und 22nd Street) • U-Bahn: 23rd St./ 8th Ave. (a 4) • Tel. 627-1144 • www.blossomnyc.com • Lunch Fr–So 12–15 Uhr, Dinner So–Do bis 21.30, Fr, Sa bis 22 Uhr • €€

Counter ▸ S. 149, E 17

Vegetarisch ist nicht gleich antialkoholisch – das ist die Botschaft, die die »organische Wein- und Martini-Bar« im East Village verkündet. Mit Matetee und Birkenstock-Sandalen hat man hier nichts am Hut. Die mehr als 200 biodynamischen Weine und Cocktails – darunter einer mit dem beziehungsreichen Namen »Angry Lesbian« – auf der Getränkekarte wenden sich an ein lebensfrohes Publikum, das einen guten Tropfen nicht verschmäht. Dazu verzehrt man einen »East Side Burger« aus Pilzpâté, Kräutern und Seitan (Weizeneiweiß von fleischähnlicher Konsistenz, einer Erfindung chinesischer Köche). Andere Renner sind die marinierte Gemüseterrine und die Walnuss-Linsenpastete. Zum Nachtisch empfiehlt sich eine Crème brûlée mit nachhaltigem Ruby-Portwein.
East Village • 105 1st Ave. (zwischen 6th und 7th St.) • U-Bahn: Astor Place (b 4) • Tel. 982-5870 • www.counternyc.com • nur Dinner bis 24 Uhr, Fr, Sa bis 1 Uhr; Fr, Sa auch Brunch • €€

EINKAUFEN
Santa Maria Novella
▸ S. 149, D 17

Wie es sich gehört, hat sich die New Yorker Zweigstelle der Officina Profumo-Farmaceutica di Santa Maria Novella in Florenz, einer der ältesten Parfümerien der Welt, in SoHo, im historischen Cast Iron District, niedergelassen: Das Mutterhaus blickt auf sieben Jahrhunderte zurück. Die Atmosphäre erinnert an eine mittelalterliche Klosterapotheke, die Flakons und Tiegel wirken entschieden archaisch. Uralten Rezepten folgen auch die Tinkturen und Cremes, die hier feilgeboten werden.

Das Pure Food and Wine (▶ S. 33) bringt scheinbar Unvereinbares – mehr oder weniger rohe Zutaten und Haute Cuisine – geschmackvoll unter einen Hut.

Der »Essig der sieben Diebe« (Aceto dei Sette Ladri) ist ein naher Verwandter des Riechsalzes, das man benötigte, als es noch zum guten Ton gehörte, dass Frauen bei passender Gelegenheit in Ohnmacht fielen. Die Rezeptur geht auf das 16. Jh. zurück. Auch bei den zeitgemäßen Produkten achtet das Haus darauf, dass sie aus organischen Essenzen zusammengesetzt sind: Das Sandelholz-Eau-de-Toilette ist eine Mischung aus sizilianischen Orangen, tibetanischem Moschus, australischem Lavendel und brasilianischem Rosenholz. Bei der Seifenherstellung werden ebenfalls nur reine Essenzen verwendet. Jedes Stück Seife wird zudem nach wie vor auf traditionelle Art und Weise von Hand gepresst und verpackt. Diese Qualität hat natürlich ihren Preis – doch die große Fangemeinde bestätigt, dass er gerechtfertigt ist.

SoHo • 285 Lafayette St. (zwischen East Houston und Prince St.) • U-Bahn: Prince St. (b 5) • Tel. 925-0001 • www.lafcony.com

Sustainable NYC   ▶ S. 149, E 17

Wer seinen grünen Freunden ein Geschenk aus New York mitbringen möchte, findet in diesem Laden garantiert das Richtige. Neben einschlägiger Literatur reicht die umfangreiche Auswahl umweltfreundlicher Produkte von Tees für Schwangere und Sonnenölen aus umweltfreundlichen Rohstoffen bis zu indonesischen Vasen aus wiederaufbereiteten Zeitungen und innovativen Armbändern, die beim Joggen Wind- und Sonnenenergie speichern.

East Village • 139 Ave. A/9th St. • U-Bahn: Astor Place (b 4) • Tel. 254-5400 • www.sustainable-nyc.com

Einkaufen Paradies für »Power-Shopper«:

Es gibt buchstäblich nichts, was es nicht gibt. Auch wenn
Sie nichts kaufen, ist das »window shopping« an der Fifth
oder Madison Avenue ein Erlebnis.

◄ Es gibt viele Gründe, New York zu lieben; seine unzähligen Shopping-möglichkeiten gehören bestimmt dazu.

Schweizer Schokolade, koreanische Möbel, Teppiche aus Belutschistan, Handtaschen aus Florenz – die Reihe exotischer Warenangebote ließe sich bis ins Unendliche verlängern. Als allgemeine Richtschnur können Sie davon ausgehen, dass die Kaufkraft eines Dollars in New York etwa der Kaufkraft eines halben Euro in Hamburg entspricht. Auf den angegebenen Preis wird noch eine Verkaufssteuer (»sales tax«) von 8,25 % aufgeschlagen. Sie entfällt, wenn die Ware an Ihre Heimatadresse geschickt wird – was jedoch fünf Wochen dauert.

Schnäppchen beim »sale«

Manche Dinge – beispielsweise Musik-CDs und Hi-Fi-Anlagen – sind deutlich billiger als in Deutschland; auch bei anderen Produkten kann ein Ausverkauf (»sale«) die Preise drastisch senken. Im Übrigen sind die Preise nicht nur saisonal, sondern auch örtlich sehr verschieden: Ein Kostüm, das an der Madison Avenue nicht unter 1000 $ zu haben ist, mag bei jüdischen Kleiderhändlern in der Orchard Street nur ein Viertel davon kosten.

Meiden sollten Sie die Fotoläden an der Fifth Avenue und am Times Square, die seit Jahren »wegen unmittelbar bevorstehender Geschäftsaufgabe« den Ausverkauf betreiben. Auch wer einem Straßenhändler eine »echte« Cartier-Uhr abkauft, darf sich nicht wundern, wenn das gute Stück bald stehen bleibt und der Uhrmacher daheim erklärt, solchen Schund repariere er nicht.

Das übliche Zahlungsmittel ist – außer in Lebensmittelgeschäften und Coffee Shops – die Kreditkarte. Ein Ladenschlussgesetz nach deutscher Art würden sich die New Yorker schwer verbitten: Fast alle Geschäfte sind samstagnachmittags geöffnet, Lebensmittelgeschäfte, Buchhandlungen und einige Warenhäuser auch sonntags. Donnerstags sind Warenhäuser bis 20 oder 21 Uhr geöffnet. In Ihrer Nähe finden Sie mindestens ein – meist koreanisches – Lebensmittelgeschäft, wo Sie auch noch um drei Uhr morgens Obst und Bier kaufen können. Höherprozentigen Alkohol dürfen normale Lebensmittelgeschäfte nicht anbieten. Er ist in Spezialläden erhältlich, die das Wort »liquors« mit im Namen führen.

ANTIQUITÄTEN

Versuchen Sie Ihr Glück zunächst bei den Antiquitätenhändlern in der 60th Street (zwischen 2nd und 3rd Avenue) oder – noch ergiebiger – im **Manhattan Art and Antiques Center** (1050 2nd Avenue), wo mehr als 100 Läden unter einem Dach versammelt sind. Vom Ramsch bis zum Museumsstück ist hier alles vertreten, mit entsprechend variierenden Preisen. Die besten, allerdings auch teuersten Antiquitätenläden finden Sie in oder unweit der Madison Avenue. Wir nennen an dieser Stelle nur einige der bekanntesten:

À la Vieille Russie ► S. 147, D 13

Uhren, Silber, Porzellan.
Upper East Side • 781 5th Ave./59th St. • U-Bahn: Lexington Ave./59th St. (b 3)

American Hurrah ► S. 145, D 12

Americana, Möbel.

Upper East Side • 766 Madison Ave./
66th St. • U-Bahn: Hunter College (b 3)

Rita Ford   ▶ S. 145, D 12

Spieluhren in allen Variationen.
Upper East Side • 19 East 65th St. •
U-Bahn: Hunter College (b 3)

Florian Papp   ▶ S. 145, D 11

New Yorks ältester Antiquitätenladen.
Upper East Side • 962 Madison Ave./
76th St. • U-Bahn: Hunter College (b 3)

James Robinson   ▶ S. 147, D 13

Silber und Schmuck.
Upper East Side • 480 Park Ave./58th
St. • U-Bahn: Lexington Ave./59th St.
(b 3)

S. J. Shrubsole   ▶ S. 147, D 13

Erlesenes Silber für den prall gefüll-
ten Geldbeutel.
Midtown • 104 East 57th St. • U-Bahn:
Lexington Ave./59th St. (b 3)

Wer nicht die Absicht hat, für den
Erwerb von Antiquitäten eine Hypo-
thek aufzunehmen, sollte sich in
anderen Stadtteilen umsehen. Hier
einige der populärsten Adressen:

Newel Art Galleries ▶ S. 147, E 13

Auf sechs Etagen finden Sie Möbel
sämtlicher Epochen. Die Residenz
des Mafia-Bosses Don Vito Corleone
(in Francis Ford Coppolas Film »Der
Pate«) wurde hier stilgerecht ausge-
stattet.
Midtown • 425 East 53rd St (zwischen
First Ave. und Sutton Place) • U-Bahn:
Lexington Ave./59th St. (b 3)

Showplace Antique Center
                        ▶ S. 146, C 15

Wenn der Hell's Kitchen Flohmarkt
wegen Regen ins Wasser fällt, treffen

sich die Schnäppchenjäger hier. 200
Händler bieten ihre Ware feil – vom
viktorianischen Nachtgeschirr bis
zum Vorkriegsradio.
Chelsea • 40 West 25th St. (zwischen
5th und 6th Ave.) • U-Bahn: 6th Ave./
23rd St. (b 4)

AUKTIONEN

Die beiden größten Auktionshäuser
der Welt – Sotheby's und Christie's –
haben Filialen in New York. Vorbe-
sichtigungen am Samstag sind ein
beliebtes (und obendrein kostenloses)
Freizeitvergnügen der New Yorker
»upper crust«.

Christie's   ▶ S. 146/147, C/D 13

Midtown • 20 Rockefeller Plaza
(49th St. zwischen 5th und 6th Ave.) •
Tel. 606-0400 • U-Bahn: Rockefeller
Center (b 3) • Besichtigungen: Mo–
Sa 10–17 Uhr

Sotheby's   ▶ S. 145, D 12

Upper East Side • 1334 York Ave./
72nd St. • Tel. 606-7000 • U-Bahn:
Hunter College (b 3) • Besichtigungen:
Di–Sa 9.30–17 Uhr

BÜCHER

Argosy   ▶ S. 147, D 13

Großes Antiquariat mit gut geführ-
ter Kartei. Auch Autographen und
preiswerte Drucke.
Upper East Side • 116 East 59th St. •
U-Bahn: Lexington Ave./59th St. (b 3)

Barnes & Noble ▶ S. 144, B 11/12

Die mit rund 800 stationären Filialen größte Buchhandelskette der
Vereinigten Staaten eröffnete in den
vergangenen Jahren zwei riesige
Buchhandlungen auf der Upper
West Side. Beide Bookstores sind
täglich bis Mitternacht geöffnet.

Für Leseratten, die Raritäten oder besondere Schriftstücke suchen: Der Strand Bookstore (▶ S. 40) ist mit rund zwei Millionen Büchern eine wahre Fundgrube.

Upper West Side • Broadway/66th und 83rd St. • U-Bahn: Lincoln Center (a 3) und 79th St. (a 2)

Complete Traveller   ▶ S. 147, D 14

Eine der umfangsreichsten Kollektionen von Reiseführern der Welt, auch antiquarische Ausgaben. Wer beispielsweise die für ihre präzisen Informationen gerühmten alten Baedeker sammelt, hat gute Aussichten, hier fündig zu werden.
Murray Hill • 199 Madison Ave./ 35th St. • U-Bahn: 33rd St. (d 4)

Rizzoli   ▶ S. 146, C 13

Das Rizzoli ist zweifellos der eleganteste Buchladen der Stadt. Der Kunde fühlt sich fast wie in einem englischen Herrenclub. Das Geschäft ist berühmt für seine sehr große Auswahl an Bildbänden über Kunst, Fotografie und Architektur (im 1. Stock). Auch europäische Zeitungen und CDs sind erhältlich. Auch sonntags geöffnet.
Midtown • 31 West 57th St. (zwischen 5th und 6th Ave.) • U-Bahn: 5th Ave./ 60th St. (b 3)

Strand   ▶ S. 147, D 16

Das größte Antiquariat der Welt mit ungefähr 2 Mio. Büchern. Hier hat man oft Glück bei neueren, anderswo schon vergriffenen Ausgaben. Seltenere (und teurere) Stücke finden Sie im 3. Stock des Nebenhauses (Nr. 826).
Greenwich Village • 828 Broadway/ 12th St. • U-Bahn: Union Square (b 4)

DELIKATESSEN

Balducci's   ▶ S. 148, C 17

Frische Spezialitäten aus aller Herren Länder.
Greenwich Village • 81 8th Ave./14th St. • U-Bahn: 8th Ave. (a 4)

Dean & DeLuca   ▶ S. 149, D 17

Schon die Präsentation der aus allen Ländern der Welt importierten Feinkost ist atemberaubend.
SoHo • 560 Broadway/Prince St. • U-Bahn: Prince St. (b 5)

Fairway   ▶ S. 144, B 11

Wer wissen will, wie viele Senf- und Käsesorten die kulinarische Fantasie ersonnen hat, findet hier alle an einem Platz, und das zu menschenfreundlichen Preisen.
Upper West Side • 2127 Broadway (zwischen 74th und 75th St.) • U-Bahn: 72nd St. (a 2)

Zabar's   ▶ S. 144, B 11

Tempel der New Yorker Gourmets. Am Wochenende herrscht hier fast lebensgefährliches Gedränge.
Upper West Side • 2245 Broadway/ 80th St. • U-Bahn: Broadway/ 79th St. (a 2) • Fr bis 22 Uhr, Sa bis Mitternacht, So bis 19 Uhr

FLOHMÄRKTE

Hell's Kitchen Flee Market
                           ▶ S. 146, B 14

Der jüngste und populärste Flohmarkt New Yorks. Für Liebhaber von

Was den Londonern Harrod's und den Berlinern das KaDeWe, ist Bloomingdale's (▶ MERIAN-Tipp, S. 41) den New Yorkern: das Kaufhaus Nummer 1.

Silber, Schmuck, Möbeln, alten Kleidern und Schuhen.
West 39th St. (zwischen 9th und 10th Ave.) • U-Bahn: 8th Ave./42nd St. (b 3)

GESCHENKE

Disney 👫   ▶ S. 147, D 13

Die bekannteste Maus der Welt sowie ihre weitläufige Verwandtschaft in allen nur denkbaren Variationen.
Midtown • 711 5th Ave. (zwischen 55th und 56th St.) • U-Bahn: 5th Ave./53rd St. (b 3)

Hammacher Schlemmer
                      ▶ S. 147, D 13

Hier finden Sie für jene, die schon alles haben, bestimmt das Richtige: z. B. ein elektrisches Austernmesser, einen beheizbaren Handtuchhalter oder einen Feldstecher, der die Entfernung zwischen Golfball und Loch angibt.
Midtown • 147 East 57th St. • U-Bahn: Lexington/59th St. (b 2)

GLAS UND PORZELLAN

Baccarat   ▶ S. 147, D 13

New Yorker Ableger der berühmten Pariser Kristallmanufaktur.
Upper East Side • 625 Madison Ave./58th St. • U-Bahn: Lexington Ave./59th St. (b 3)

Royal Copenhagen ▶ S. 145, D 12

Königliches Porzellan und Glas zu königlichen Preisen.
Upper East Side • 683 Madison Ave./61st St. • U-Bahn: Lexington Ave./59th St. (b 3) • www.royalcopen hagen.com

Steuben Glass   ▶ S. 145, D 12

Dieses exquisite Glas pflegte der ehemalige Präsident Clinton den Staatsbesuchern zu schenken.

MERIAN-Tipp   **1**

BLOOMINGDALE'S
          ▶ S. 145, D 12

Der Inbegriff des New Yorker Warenhauses, modisch, elegant, pfiffig und doch erschwinglich. Ob Sie Herrenhemden kaufen, Lampen oder Betttücher – alles ist von erster Qualität. Stadtbekannt sind die hübschen Mädchen und Knaben, die Sie im Erdgeschoss mit dem neuesten Parfum besprühen.
Midtown • zwischen Lexington und 3rd Ave., 59th und 60th St. • U-Bahn: Lexington Ave./59th St. (b 3) • auch So 9–17 Uhr

Upper East Side • 667 Madison Ave. (zwischen 60th und 61st St.) • U-Bahn: 5th Ave./60th St. (b 3)

HI-FI, FERNSEHEN, VIDEO

J & R Music World ▶ S. 149, D 19

Elektronische Geräte, Fernseher, Computer und CDs zu überaus günstigen Preisen.
Tribeca • 23–33 Park Row • U-Bahn: Brooklyn Bridge/City Hall (b 5)

P. C. Richard & Son ▶ S. 145, E 10

Ein 100 Jahre altes Familienunternehmen mit unzähligen Filialen im ganzen Land. Diese liegt im Herzen von Yorkville, dem ehemaligen deutschen Viertel. Fernseher, Kameras, Computer, Handys (die in Amerika »cell phones« heißen), Videospiele, Küchengeräte etc. Auch sonntags geöffnet.
Upper East Side • 205 East 86th St. • U-Bahn: Lexington Ave./86th St. (b 2) • www.pcrichard.com

KAUFHÄUSER

Macy's ▶ S. 146, C 14

Das größte Kaufhaus des Erdballs mit integriertem Friseur, Postamt, Reisebüro und Restaurants. Zwar hatte Macy's Anfang der Neunzigerjahre Konkurs angemeldet, doch der Betrieb ging weiter wie bisher, und das Flaggschiff im Schatten des Empire State Building erstrahlt ungebrochen im alten Art-déco-Glanz. Die Preise sind meist scharf kalkuliert. Dessen ungeachtet können Sie auch kostspielige Haute Couture oder Antiquitäten erwerben.
151 West 34th St. • U-Bahn: Penn Station (a 4) • www.macys.com • auch So 10–18 Uhr

Saks Fifth Avenue ▶ S. 147, D 13

Sicherer Geschmack und Stil sind die Kennzeichen dieser New Yorker Institution. Der Akzent liegt auf der Damenkleidung. Aber auch Herren, die das Gediegene lieben, kaufen bei Saks. Berühmt ist die Schaufensterdekoration zur Weihnachtszeit: Brav stehen Eltern und Kinder Schlange, um einen Blick auf die Märchenwelt zu erhaschen.
Midtown • 5th Ave. (zwischen 49th und 50th St.) • U-Bahn: Rockefeller Center (b 3) • www.saksfifthavenue.com

Takashimaya ▶ S. 147, D 13

Der Ableger des größten japanischen Kaufhauskonzerns ist eine Oase für Ästheten. Auch wer nichts kaufen will, wird von der strengen Eleganz entzückt sein. Eine Fundgrube für exotische Mitbringsel. Besonders gerühmt wird die Kosmetikabteilung im obersten Stock.
Midtown • 693 5th Ave. (zwischen 54th und 55th St.) • U-Bahn: Rockefeller Center • www.takashimaya-ny.com

Nicht gerade günstige, aber erlesene Mitbringsel gibt es im Museumsshop (▶ MERIAN-Tipp, S. 43) des Museum of Modern Art (MoMA).

LEDERWAREN

Manolo Blahnik ▶ S. 146, C 13

Schuhe als Statussymbol: Selbst die »Volksprinzessin« Diana deckte sich einst bei dem tschechischen Fußkünstler ein. Für die jungen Damen in der TV-Serie »Sex and the City« sind Schuhe von Blahnik – nach dem Thema Nummer eins, versteht sich – der aufregendste Gesprächsgegenstand.
Midtown • 31 West 54th St. (zwischen 5th und 6th Ave.) • U-Bahn: Rockefeller Center (b 3)

Gucci ▶ S. 147, D 13

Was immer man von den Skandalen der Familie Gucci hält – die Angebote sind so erstklassig wie die Preise.
Midtown • 685 5th Ave. • U-Bahn: Rockefeller Center (b 3)

Hermès ▶ S. 147, D 13

Die New Yorker Filiale des weltberühmten Mutterhauses in der Pariser Rue Faubourg St. Honoré. Auch Parfum, Kopftücher, Schlipse zu fürstlichen Preisen.
Midtown • 11 East 57th St. • U-Bahn: 5th Ave./60th St. (b 3)

Louis Vuitton S. 147, D 13

Ein anderer Ableger aus Paris, wohl die am meisten kopierte Leder-Marke. Hier ist das Original.
Midtown • 1 East 57th St. • U-Bahn: 5th Ave./60th St. (b 3)

MODE

Da New York die Kapitale der amerikanischen Textilindustrie ist, sind die Preise niedriger als in Deutschland; für die feinen französischen und italienischen Boutiquen in der Madison Avenue gilt dies bedauerlicherweise nicht.

MERIAN-Tipp **2**

ORIGINELLE SOUVENIRS AUS MUSEUMSSHOPS

Da der Vater Staat amerikanische Museen nicht oder nur äußerst kümmerlich subventioniert, müssen jene viel Fantasie aufbieten, um finanziell über die Runden zu kommen. Ein erfreuliches Ergebnis dieses bedauerlichen Umstands sind die außerordentlich vielseitigen Andenkenläden, die die Museen unterhalten. Nicht nur Kataloge und Postkarten findet man dort, auch Bücher und Zeitschriften aller Art oder Schlipse, Schmuck, Schreibgeräte und Spielwaren, ja sogar – in der Morgan Library – die Tee-Mischung, die sich der allgewaltige Mr. Morgan jeden Morgen aufbrühen ließ.

Abercrombie & Fitch
▶ S.147, D 13

Die Fifth Avenue ist um eine neue Attraktion reicher: Wohlgebaute junge Männer empfangen den Besucher mit entblößtem Oberkörper und führen ihm (oder ihr) vor, wie gut Jeans sitzen können. Dröhnende Techno-Klänge sollen die Kauflust weiter steigern.
Midtown • 720 5th Ave./56th Str. • U-Bahn: 5th Ave/53rd St. (b3) • www.abercrombie.com

Barney's

Große Auswahl an Herrenkleidung. In der Madison Avenue mit vorzüglichem Restaurant.
– Upper East Side • 106 7th Ave. (zwischen 16th und 17th St.) • U-Bahn: 7th Ave./14th St. (a 4) ▶ S. 145, C 16

– Upper East Side • 660 Madison Ave. (Ecke 61st Str.) • U-Bahn: Lexington Ave./59th St. (b 3) ▸ S. 146, D 12

Henri Bendel ▸ S. 147, D 13

Weniger ein Kaufhaus als vielmehr eine Ansammlung mehrerer Boutiquen. Insbesondere für die elegante Dame, die genug Geld hat, um keine Mode auszulassen.
Midtown • 712 5th Ave./56th St. • U-Bahn: Rockefeller Center (b 3)

Bergdorf Goodman ▸ S. 147, D 13

Sehr vornehme, sehr teure Kleidung und Accessoires für sie und ihn.
Midtown • 754 5th Ave./57th St. • U-Bahn: 5th Ave./60th St. (b 3)

Brooks Brothers ▸ S. 147, D 14

Für den konservativen Herrn, der den britischen Stil liebt.
Midtown • 346 Madison Ave./44th St. • U-Bahn: Grand Central (b 3) bzw. 5th Ave./53rd St. (b 3)

The Custom Shop

Hier und in vier weiteren Filialen können Sie sich maßgeschneiderte Herrenhemden zu überraschend zivilen Preisen machen lassen, z. B.
– Midtown • 555 Lexington Ave./51st St. • U-Bahn: Lexington Ave./51st St. (b 3) ▸ S. 147, D 13/14
– Midtown • 342 Madison Ave./44th St. • U-Bahn: Grand Central (b 3) ▸ S. 147, D 13/14

Dior ▸ S. 147, D 13

Die New Yorker Filiale des Modehauses residiert in einem Wolkenkratzer, dessen Architekt, Christian de Portzamparc, auch die französische Botschaft in Berlin entwarf.
Midtown • 15 East 57th St./Madison Ave. • U-Bahn: 5th Ave./60th St. (b 3)

The Gap

Zwei von 25 Zweigstellen einer Ladenkette, die auf Jeans spezialisiert ist, aber auch andere Freizeitbekleidung führt.
– Upper East Side • 734 Lexington Ave./59th St. • U-Bahn: Lexington Ave./59th St. ▸ S. 147, D 13/14
– Murray Hill • 445 5th Ave./40th St. • U-Bahn: Grand Central (b 3)
  ▸ S. 147, D 13/14

Calvin Klein ▸ S. 147, D 13

Der »Feldherrnhügel« des bekanntesten amerikanischen Modeschöpfers, der unauffällige Eleganz mit praktischer Brauchbarkeit vereint. Auch Schmuck, Kosmetik, Unter- und Bettwäsche.
Upper East Side • 654 Madison Ave./60th St. • U-Bahn: Lexington Ave./59th St. (b 3)

Ralph Lauren ▸ S. 145, D 12

Sportliche Kleidung im Ambiente eines englischen Herrenhauses.
Upper East Side • 867 Madison Ave./72nd St. • U-Bahn: Lexington Ave./77th St. (b 2)

Lord & Taylor ▸ S. 147, D 14

Klassischer Stil mit sportlicher Note. Angemessene Preise.
Murray Hill • 424 5th Ave./38th St. • U-Bahn: Grand Central (b 3)

MUSIK

J & R Music and Computer Word
  ▸ S. 149, D 19

Seit dem Bankrott von Tower Records und dem Abzug seines britischen Konkurrenten HMV ist New York nicht mehr das Mekka für Plattensammler, das es einst war. J & R befindet sich gegenüber der City Hall und bietet immerhin eine res-

pektable Auswahl und hilft Ihnen bei der Suche nach Raritäten. Auch sonntags geöffnet.
Tribeca • 23–33 Park Row • U-Bahn: Brooklyn Bridge (b 5)

SCHMUCK

Bevor Sie sich in edlen Geschäften wie Cartier oder bei Tiffany in Unkosten stürzen – die schnell in astronomische Höhen steigen können –, sollten Sie sich in der **Diamond Row** (▸ S. 73), der 47th St. zwischen Fifth und Sixth Ave., umsehen: Dort finden Sie bei den orthodoxen Juden Schmuck jeder Art und Preisklasse (aber nicht am Sabbat).

Cartier ▸ S. 147, D 13

In einem Renaissance-Palast aus dem Jahr 1905 residiert eines der vornehmsten Geschäfte von New York. Großes Angebot an klassischen Uhren. Einigermaßen erschwinglich sind »les musts de Cartier« – Feuerzeuge & Co.
Midtown • 653 5th Ave. • U-Bahn: Rockefeller Center (b 3)

Tiffany & Co. ▸ S. 147, D 13

Audrey Hepburn hat diese Adresse in »Frühstück bei Tiffany« berühmt gemacht (40 Wärter bewachten am Drehtag den Ort). Im Inneren finden Sie ein Warenhaus mit vier Etagen, in dem auch Porzellan, Glas und Schreibtischobjekte verkauft werden – zum Teil sogar zu erschwinglichen Preisen.
Midtown • 725 5th Ave./57th St. • U-Bahn: 5th Ave./60th St. (b 3)

Harry Winston ▸ S. 147, D 13

Einmalige Stücke für Kunden, die – wie es bei Thomas Mann heißt – keine »pecuniarischen Unstatten« zu

> **MERIAN-Tipp** **3**
>
> **TIME WARNER CENTER**
> ▸ S. 146, C 13
>
> Nach endlosem Hin und Her und nach ebenso endlosen Bauarbeiten hat New York seit 2004 eine neue Attraktion: An der Stelle einer trostlosen Messehalle erhebt sich nun eine todschicke Shopping Mall mit Cafés und Restaurants aller Preisklassen. Ob sich die kolossale Investition rechnet, wird die Zukunft zeigen.
> Midtown • 10 Columbus Circle • U-Bahn: Columbus Circle (a 3)

fürchten haben. Wer wirklich interessiert ist, vereinbart einen Termin.
Midtown • 718 5th Ave./56th St. • U-Bahn: 5th Ave./60th St. (b 3) und Union Square • U-Bahn: Union Square (b 4) • www.harrywinston.com

SPIELZEUG

FAO Schwarz 👫 ▸ S. 147, D 13

Zur allgemeinen Erleichterung der New Yorker öffnete ihr ehrwürdigstes Kinderparadies, das in Zahlungsschwierigkeiten geraten war, wieder seine Tore und konzentriert sich jetzt auf hochwertige – und entsprechend teure – Produkte. Neben ausgestopften Tieren, darunter dem klassischen Teddybären (so genannt nach dem ehemaligen US-Präsidenten Theodore »Teddy« Roosevelt) und allerlei Puppen finden Sie die neuesten elektronischen Spiele, Karaokemaschinen und Mini-Luxusautos für den anspruchsvollen Nachwuchs und jung gebliebene Erwachsene.
Upper East Side • 767 Fifth Ave./58th St. • U-Bahn: 5th Ave./60th St. (b 3)

Am Abend
Kunst und Künstliches: In New York wird Kultur ganz groß geschrieben. Opernfreunde und Ballettfans kommen ebenso auf ihre Kosten wie Liebhaber von Jazz und Pop.

◄ Schick in Chelsea: In der Szene-Bar Glass (▸ S. 48) tummelt sich ein kunstbeflissenes Publikum.

Von der Oper bis zum Jazzkeller, vom Ballett bis zur Sex-Show – alles ist reichlich vorhanden. Über das aktuelle Programm unterrichten »New York Magazine« (www.nymag.com), »Time Out« (http://newyork.timeout.com) und »Village Voice« (www.villagevoice.com). Theater, Konzerte und Oper beginnen in der Regel um 20 Uhr. Da manche Veranstaltungen – vor allem Musicals – auf Monate hinaus ausgebucht sind, empfiehlt es sich, schon vor der Reise Plätze zu reservieren. Hierzu benötigen Sie eine Kreditkarte. Die Karten werden Ihnen zugeschickt oder liegen an der Kasse bereit. Kartenvorverkauf über:

Telecharge
Tel. 239-6200 •
www.telecharge.com

Ticketmaster
Tel. 307-4747 •
www.ticketmaster.com

Wenn es mit den Karten nicht klappen sollte, wenden Sie sich an Agenturen, die sich auf die Platzbeschaffung in ausverkauften Vorstellungen spezialisiert haben – natürlich mit Provision. Hier einige der solideren Quellen (die Nummern können nur in den USA gewählt werden):

ABC Tickets
Tel. 1-800-355-5555 • www.abc tickets.com

Prestige Entertainment
Tel. 1-800-243-8849 •
www.prestigeentertainment.com

MERIAN-Tipp

NIGHT COURT   ▸ S. 149, D 19

Wer Schläger, Drogenhändler, Taschendiebe und Hehler aus sicherer Entfernung beäugen will, der ist bei den Nachtsitzungen der New Yorker Strafkammer gerade richtig. Auch wenn Sie von den Prozeduren wahrscheinlich nur wenig verstehen: Die schillernden Existenzen, die dem Richter in bunter Folge vorgeführt werden, könnten auch von Hollywood nicht überzeugender besetzt werden. Die beste Besuchszeit liegt zwischen 22 und 23 Uhr.
Tribeca • Criminal Court, 100 Center St./Hogan Place, Saal 129 und 130 • U-Bahn: Brooklyn Bridge/City Hall (b 5)

BALLETT
American Ballet Theater
▸ S. 144, B 12

Unter den ortsansässigen Tanztruppen die der großen europäischen Tradition am engsten verbundene. Die Saison schließt sich an die der Metropolitan Opera im selben Hause an (Mitte April bis Mitte Juni).
UpperWest Side • Broadway/63rd St. • U-Bahn: Lincoln Center (a 3) • Tel. 362-2080 und 477-3030 • www.abt.org

City Center
▸ S. 146, B 13

Der Freimaurertempel im maurischen Stil ist heute das Hauptquartier der New Yorker Ballettomanen. Hier sind alle bedeutenden Tanzkompanien der Stadt zu sehen – darunter Paul Taylor, Martha Graham, Merce Cunningham, Alvin Ailey und das Joffrey Ballet.

Midtown • 131 West 55th St. •
U-Bahn: Columbus Circle (a 3) • Tel.
581-1212 • www.nycitycenter.org

Joyce Theater   ▶ S. 146, B/C 16

Regieren im City Center etablierte
Ensembles, so ist hier noch etwas
vom Geist der Avantgarde zu spüren.
Zu sehen sind etwa das Eliot Feld
Ballet und das Pilobolus Dance
Theater.
Chelsea • 175 8th Ave./19th St. •
U-Bahn: 8th Ave./14th St. (a 4) •
Tel. 242-0800 • www.joyce.org

New York City Ballet ▶ S. 144, B 12

Auch nach dem Tod von George
Balanchine ist das New York City
Ballet seinem klassizistischen, kon-
zertanten Stil treu geblieben: So gut
wie alle seine Choreografien sind im
Programm. Das Ballett hat zwei
Saisons im New York State Theater
(Lincoln Center), die erste von Mai
bis Juli, die zweite von November bis
Februar. Stets ausverkauft ist »Der
Nussknacker« 👫 von Peter Tschai-
kowsky in der Vorweihnachtszeit.
Upper West Side • Broadway/63rd St.•
U-Bahn: Lincoln Center (a 3) • Tel.
877-4700 und 870-5570 • www.nyc
ballet.com

BARS

Hunderte Bars gibt es in der Stadt,
www.sheckys.com/newyorkcity/nigh
tlife bietet eine gute Übersicht. Wir
werden uns hier auf ein gutes Dutzend beschränken. Sehr amerikanisch ist das Phänomen der »happy
hour«, die Zeit nach Büroschluss,
wenn viele Bars ihre Drinks billiger
anbieten. Die meisten Bars schließen
erst in den Morgenstunden. Das
Mindestalter liegt bei 18 Jahren – besser immer den Ausweis mitbringen!

Bemelmans   ▶ S. 145, D 11

Elegante Clubatmosphäre und Live-
Klaviermusik für Mann und Frau
von Welt. Zählt zu den beliebtesten
Lokalen der Stadt. Skurrile Wand-
gemälde von Ludwig Bemelmans.
Upper East Side • Carlyle Hotel, 35
East 76th St. • U-Bahn: Lexington Ave./
77th St. (b 2) • www.thecarlyle.com

Bubble Lounge   ▶ S. 148, C 18

Die »bubbles« im Namen beziehen
sich auf die Bläschen in den 300
verschiedenen Schaumweinen, die
zur Auswahl stehen. Ein DJ sorgt für
die akustische Kulisse. Montags und
dienstags Live-Musik.
Tribeca • 228 West Broadway
(zwischen Franklin und White St.)•
U-Bahn: Franklin St. (b 5) • www.
bubblelounge.com

Duplex   ▶ S. 148, C 17

In dieser Pianobar – d.h. unter der
alten Adresse um die Ecke – traten
Barbra Streisand und Bette Midler
erstmals vor die Öffentlichkeit. Immer überfüllt. Nichts für Menschen
mit Berührungsängsten.
Greenwich Village • 61 Christopher
St. • U-Bahn: Christopher St. (a 4) •
www.theduplex.com

Glass   ▶ S. 146, B 15

Treffpunkt der Galerienszene in
Chelsea. Schickes, entspanntes Publikum. Mit minimalistischem Bam-
busgarten.
Chelsea • 287 10th Ave. (zwischen
26th und 27th St.) • U-Bahn: 7th
Ave./23rd St. (a 4) • www.glasslounge
nyc.com

Hudson Bar   ▶ S. 146, B 13

Die Einlasskontrolle ist streng, aber
der Versuch lohnt sich: Die geräumi-

ge Bar des »Hudson Hotel« ist ein Meisterstück surrealistischer Lichtregie; »trendy crowd«.
Upper West Side • Hudson Hotel, 356 West 58th St. (zwischen 8th und 9th Ave.) • U-Bahn: Columbus Circle (a 3) • www.hudsonhotel.com

Monkey Bar ▸ S. 147, D 13

Seitdem Carrie und Mr. Big (»Sex and the City«) hier turtelten, ist dieses Art-déco-Monument aus den Dreißigerjahren wieder ganz hip. Klaviermusik, Jackettzwang.
Midtown • Hotel Elysée, 60 East 54th St. (zwischen Madison und Park Ave.) • U-Bahn: 51st St. (b 3) • www.elysee hotel.com

Pangaea ▸ S. 149, D 17

Models, Promis und Adabeis finden das afrikanische Ambiente mit seinen exotischen Cocktails einfach unwiderstehlich. Viel Glück bei den diplomatischen Verhandlungen mit dem Zerberus am Eingang, der die Spreu vom Weizen trennt!
Greenwich Village • 417 Lafayette St. (zwischen 4th St. und Astor Place) • U-Bahn: Astor Pl. (b 4)

Pravda ▸ S. 149, D 17

Die »Bolschis« sind wieder schick: Bei 70 Wodka-Sorten und Kaviar-Häppchen lassen sich die sowjetischen Slogans an den Wänden dieses Kellerlokals gut ertragen.
SoHo • 281 Lafayette St. (zwischen Houston und Prince St.) • U-Bahn: Prince St. (b 5) • www.pravdany.com

Puck Fair ▸ S. 149, D 17

Bei Jung und Alt beliebtes irisches Pub mit 20 Bieren vom Fass und 60 in der Flasche. Fish and Chips, Sandwiches und mehr.

SoHo • 298 Lafayette St./Houston St. • U-Bahn: Prince St. (b 5) • www.puck fairbarnyc.com

Rainbow Grill ▸ S. 146, C 13

Wer den Höhenrausch auf dem Empire State Building durch einen weiteren Rausch steigern will, ist hier am richtigen Platz. Stolze Preise, snobistischer Service, keine Jeans und Sneakers. (Der Grill ist derzeit geschlossen und sucht einen Pächter. Probieren Sie es trotzdem!)
Midtown • 30 Rockefeller Plaza (Eingang 49th St. zwischen 5th und 6th Ave.) • U-Bahn: Rockefeller Center (b 3)

Splash ▸ S. 146, C 16

Heiße Adresse für Herren, die nicht mit Damen, sondern mit ihresgleichen plaudern wollen. Häufig Striptease.
Chelsea • 50 West 17th St./6th Ave. • Tel. 691-0073 • U-Bahn: Union Square (b 4) • www.splashbar.com

The Park ▸ S. 146, B 16

Treffpunkt der »beautiful people«, die die Galerien in Chelsea bevölkern. Man hat die Wahl, seinen Drink unter einer tropischen Palme, am Kamin oder auf dem Dach einzunehmen. Wer befürchtet, wegen seines unglamurösen Äußeren nicht eingelassen zu werden, sagt sich zum Dinner an (Tel. 352-3313).
Chelsea • 118 10th Ave./17th St. • U-Bahn: 8th Ave./14th St. (a 4) • www.theparknyc.com

Pete's Tavern ▸ S. 147, D 16

1864 gegründet: New Yorks älteste Bar zeigt sich im Originalzustand.
Gramercy • 129 East 18th St. • U-Bahn: Union Square (b 4) • http:// petestavern.com

White Horse Tavern ▶ S. 148, C 17

Ein beliebter Wallfahrtsort für Dichter und solche, die es werden wollen: Hier soff sich Dylan Thomas zu Tode.

Greenwich Village • 567 Hudson St./ 11th St. • U-Bahn: 8th Ave./14th St. (a 4)

DISKOTHEKEN

Die besseren Diskotheken sind Clubs, die sich die Entscheidung vorbehalten, wen sie hereinlassen und wen nicht. Die Türen werden im Allgemeinen um 22 Uhr geöffnet und um 4 Uhr wieder geschlossen. Man muss mit Eintrittspreisen von 10 bis 25 $ (Fr und Sa höher) rechnen.

MERIAN-Tipp **5**

AUSSICHTSTERRASSE DES EMPIRE STATE BUILDING
▶ S. 147, D 15

Um den romantischen Abend abzurunden, werfen Sie nach der Oper, dem Musical oder dem festlichen Dinner noch einen Blick auf das nächtlich funkelnde New York. Die Aussichtsterrasse des Empire State Building ist bis zwei Uhr morgens geöffnet (letzter Einlass 1.15 Uhr). An klaren Tagen bietet sich ein Rundblick von 70 km. Hier hauchte der unglücklich verliebte King Kong sein Leben aus. (Gedreht wurden die berühmten Szenen allerdings im Studio.)

Murray Hill • 5th Ave. (zwischen 33rd und 34th St.) • U-Bahn: Park Ave./33rd St. (b 4) • www. esbnyc.com • tgl. 8–2 Uhr • Eintritt 20 $; Kinder 14 $

APT ▶ S. 146, B 16

Hinter einer unauffälligen Fassade und einem nahezu unsichtbaren Eingang verbirgt sich eine der heißesten Adressen der New Yorker Nachtschwärmer. Wenn Sie den geheimnisvoll beleuchteten Flur passiert haben, finden Sie sich in einem zweistöckigen Townhouse von kühler Eleganz wieder. Der Club gibt sich exklusiv, zugleich aber freundlich. Eine ganze Riege von DJs (mit Namen wie Citizen Kane oder Chairman Mao) sorgt für die akustische Kulisse.

Meatpacking District • 419 West 13th St./9th Ave. • U-Bahn: 8th Ave./ 14th St. (a 4) • Tel. 414-4245 • www.aptnyc.com

Bungalow 8 ▶ S. 146, B 15

Exklusiver Tanzclub mit strenger Türkontrolle. War der Türsteher gnädig, schockieren einen die astronomischen Preise für Drinks auch nicht mehr. Bei einem Misserfolg an der Tür gibt es immer noch die Möglichkeit, es bei den benachbarten, ebenfalls wählerischen Clubs in derselben Straße – Home (Nr. 532), Guest House (Nr. 542), Cain (Nr. 544) – zu versuchen.

Chelsea • 515 West 27th St. (zwischen 10th und 11th Ave.) • U-Bahn: 8th Ave./23rd St. (a 4) • Tel. 629-3333

Cielo ▶ S. 146, B 16

Wegen seiner sensationellen Tonanlage und seiner Lichteffekte ist dieser Club mehrfach preisgekrönt worden. Das Publikum ist jung, hip und entspannt. Die DJs sind oft Gastspieler aus Europa: Nicolas Matar, der Hausherr, hat seine Sporen im legendären Pacha-Club auf Ibiza verdient. Da nur 250 Personen Platz finden,

Mittwochs treten im Apollo Theater (▸ S. 51) unbekannte Talente auf, um wie zuvor Ella Fitzgerald und andere große Namen zu Ruhm zu gelangen.

kann das Warten am Eingang mitunter lang werden.
Meatpacking District • 18 Little West 12th St./9th Ave. • U-Bahn: 8th Ave./14th St. (a4) • www.cieloclub.com

Swing 46   ▸ S. 146, B 46
In den Dreißiger- und Vierzigerjahren war die 52nd St., »Swing Street« genannt, die Hochburg des Jazz. Davon ist nur noch wenig übrig geblieben – wie etwa der vom Abbruch bedrohte »Roseland Ballroom« (239 West 52nd St.). Wer zu historischen Klängen das Bein schwingen möchte, findet aber sechs Straßen weiter südlich vielleicht das Richtige – täglich außer montags mit Live-Orchester. Anfängern werden Tanzstunden erteilt.
Midtown • 349 West 46th St. (zwischen 8th und 9th Ave.) • U-Bahn: 50th St. (b 3) • Tel. 262-9554 • www.swing46.com

Thirteen   ▸ S. 147, D 16
Wer sich ohne das Spießrutenlaufen am Eingang einfach amüsieren möchte und nichts dagegen hat, dass auch Retroklänge gespielt werden, ist in dieser unprätentiösen Lounge im Village genau richtig.
Greenwich Village • 35 East 13th St. (zwischen Broadway und University Place) • Tel. 979-6677 • U-Bahn: Union Square (b 4) • www.bar13.com

JAZZ, ROCK, HONKY-TONK
Die legendären Jazzclubs von Harlem gibt es nicht mehr, mit einer einzigen Ausnahme. Heute sind die meisten Lokale im Village. Viele Clubs halten ein preiswertes Essen für hungrige Nachtschwärmer bereit.

Apollo Theater   ▸ S. 142, C 7
In diesem berühmten Theater begannen die Karrieren von Jazzgrößen wie Duke Ellington, Billie

Die Lenox Lounge (▶ S. 53) ist einer der angesagtesten Clubs in Harlem, dem Zentrum afroamerikanischer Kultur.

Holiday und Ella Fitzgerald. Was heute dort geboten wird, befindet sich nicht auf diesem Niveau. Doch ist die Traditionsstätte nach einer längeren Verfallsperiode zumindest wieder vorzeigbar. Besonders lebhaft geht es mittwochs bei den »Amateur Nights« zu, in denen sich unentdeckte Talente einem kritischen Publikum stellen.
Harlem • 253 West 125th St. (zwischen Adam Clayton Powell und Frederick Douglass Boulevard) • U-Bahn: 125th St. (a 1) • Tel. 531-5300 • www.apollotheater.org

B.B. King Blues Club

▶ S. 146, C 14

Trotz des Namens wird in diesem Dinner Club (550 Plätze) nur selten Blues gespielt. In der Regel treten hier Rock- und Popstars auf. Die Küche lässt zu wünschen übrig, die Preise sind gesalzen. Aber die Musik ist oft erstklassig. Sonntags Lunch mit Gospelmusik (sehr schick, aber nichts für Fromme).
Midtown • 237 West 42nd St. (zwischen 7th und 8th Ave.) • U-Bahn: Times Square (b 3) • Tel. 997-4144 • www.bbkingblues.com

Beacon Theatre

▶ S. 144, B 11

In diesem Art-déco-Palast, einem ehemaligen Kino mit 2700 Plätzen und prächtiger Lobby, feierten die Grateful Dead und die Beach Boys Triumphe. Heute sind es ihre Nachfolger, die ein meist nicht mehr ganz jugendliches Publikum begeistern. Kreischende Teenies sind jedoch die Ausnahme. Die beste Wahl sind die Balkonplätze mit ihrer guten Sicht.
Upper West Side • 2124 Broadway/74th St. • U-Bahn: Broadway/72nd St. (a 2) • Tel. 465-6500 • www.beacontheatrenyc.com

Birdland ▶ S. 146, C 14

Die große Ausnahme: Jazz in Mid-town und Big Bands obendrein. Elegantes Publikum, südliche Küche.
Midtown • 315 West 44th St. • U-Bahn: Times Square (a 3) • Tel. 581-3080 • Eintritt 10–30 $ • www.birdlandjazz.com

Blue Note ▶ S. 148, C 17

Legendärer Club, auf dessen Bühne bereits Jazz-Größen wie Ray Charles und Betty Carter standen. Täglich zwei Shows (20 und 22.30 Uhr), am Wochenende drei (1 Uhr).
Greenwich Village • 131 West 3rd St. • U-Bahn: Washington Square (b 4) • Tel. 475-8592 • www.bluenote.net

The Fillmore New York
▶ S. 147, D 16

In dieser Music Hall am Rand des Village haben sich all die Großen von Folk, Pop und Rock ihren Fans gezeigt: Bob Dylan, Prince, Patti Smith, die Cowboy Junkies … Die besten Plätze finden sich auf dem Balkon.
Gramercy • 17 Irving Plaza (ein Block westlich von der Kreuzung 3rd Ave./15th St.) • U-Bahn: Union Square (b 4) • Tel. 777-1224 und 777-6800 • www.irvingplaza.com

Knitting Factory ▶ S. 149, D 18

In dieser »Strickfabrik« wird nicht nur Jazz geboten, hier erklingt auch Experimentelles aller Art. Für Freunde der Avantgarde.
Tribeca • 74 Leonard St. (zwischen Broadway und Church St.) • U-Bahn: Franklin St. (b 5) • Tel. 219-3132 • www.knittingfactory.com

Lenox Lounge ▶ S. 142, C 7

Wer Blues und Jazz unbedingt in Harlem genießen will, findet hier seit Neuestem ein würdiges Ausflugsziel. Gründlich renoviert, bietet das Art-déco-Denkmal, das Billie, Miles und Malcolm zu seinen Stammkunden zählte, nicht nur vorzügliche Musik, sondern auch, dazu passend, preiswertes »soul food«.
Harlem • 288 Lenox Ave./Malcolm X Boulevard (zwischen 124th und 125th St.) • U-Bahn: 125th St. (a 1) • Tel. 427-0253 • www.lenoxlounge.com

Rodeo Bar ▶ S. 147, D 15

Unter einem ausgestopften Büffel lauschen Großstadt-Cowboys ländlichen, von Fiedeln, Banjos und Klavieren begleiteten Gesängen – Country, Bluegrass, Honky-Tonk. Die dazu gebotenen Tex-Mex-Gerichte werden mit Margaritas heruntergespült. Musik gibt's abendlich von 21.30 Uhr bis tief in die Nacht.
Gramercy • 375 3rd Ave./27th St. • U-Bahn: 28th St. (b 4) • Tel. 683-6500

Smalls ▶ S. 146, C 16

Kleiner, aber feiner Laden mit all-abendlichem Jazz.
Greenwich Village • 183 West 10th St./7th Ave. South • U-Bahn: Christopher St. Sheridan Sq. (b 4) • Tel. 252-5091 • Eintritt 10 $

SOB's ▶ S. 148, C 17

SOB steht für »Sounds of Brazil«, aber es sind keineswegs nur brasilianische Bands, die in diesem »hot, hot, hot spot« aufspielen. Ob Rumba, Samba, Mambo – ein Publikum von südlicher Lebensfreude sitzt nicht auf seinen Händen, sondern singt und tanzt mit. Wer dazu essen will, sollte einen Tisch reservieren.
SoHo • 204 Varick St./Houston St. • U-Bahn: Houston St. (b 5) • Tel. 243-4940 • www.sobs.com

Village Vanguard   ▶ S. 146, C 16

Seit mittlerweile 70 Jahren strömen die Fans in diesen populären Jazzkeller. Shows allabendlich um 21 und 23 Uhr, am Samstag auch um 0.30 Uhr.
Greenwich Village • 178 7th Ave. South/11th St. • U-Bahn: 7th Ave./ 14th St. (a 4) • Tel. 255-4037 • www. villagevanguard.com • Eintritt 15 $, Wochenende 20 $

KONZERTE

New York ist eine Musik liebende Stadt. Wenn Sie wollen, können Sie jeden Tag Dutzende von Konzerten besuchen. Für nicht ausverkaufte Veranstaltungen – also auch für Oper und Ballett – gibt es am selben Tag Karten zum halben Preis in der Verkaufsbude am Bryant Park hinter der Public Library (42nd St., zwischen 5th und 6th Ave., Mi und Sa ab 11, Di, Do, Fr, So ab 12 Uhr). Die interessantesten Konzerte finden in den folgenden drei Sälen statt:

Alice Tully Hall   ▶ S. 144, B 12

Das nördlichste Gebäude des Lincoln Center, nach langen Bauarbeiten als gläserner Ozeanriese wieder auferstanden, beherbergt den Kammermusiksaal, der auch vom New York Film Festival genutzt wird.
Upper West Side • Broadway und 65th St.• U-Bahn: Lincoln Center (a 3) • Tel. 875-5050 • www.lincolncenter.org

Avery Fisher Hall   ▶ S. 144, B 12

Der Konzertsaal des Lincoln Center wurde zunächst wegen seiner miserablen Akustik scharf kritisiert. Nach einem kostspieligen Umbau haben sich die Verhältnisse aber hörbar verbessert. In der Avery Fisher Hall spielen die New Yorker Philharmoniker, deren Leiter bis 2009 Lorin Maazel war. Ab der Spielzeit

Lorin Maazel, bis September 2009 Musikdirektor der New Yorker Philharmoniker, dirigiert in der Avery Fisher Hall (▶ S. 54).

2009/2010 löst ihn Alan Gilbert ab. Er ist der erste gebürtige New Yorker auf diesem Posten.

Upper West Side • Broadway und 64th St. • U-Bahn: Lincoln Center (a 3) • Tel. 875-5656 und 721-6500 • www.lincoln center.org

Carnegie Hall ▸ S. 146, C 13

Diese über hundertjährige Konzerthalle wurde 2003 gründlich renoviert und erstrahlt wieder in alter Pracht. Die Carnegie Hall ist ein beliebter Veranstaltungsort für Klassikkonzerte, aber auch Popmusik wird hier gespielt. Der größte Saal, das Isaac Stern Auditorium, fasst 2804 Zuschauer und zählt wegen seiner hervorragenden Akustik zu den besten Konzertsälen der Welt.

Midtown • 57th St./7th Ave. • U-Bahn: 7th Ave./57th St. (a 3) • Tel. 247-7800 • www.carnegiehall.org

MUSICALS

Für viele ist das Musical der Inbegriff des New Yorker Nachtlebens. Tatsächlich wäre ein Besuch der Stadt ohne Musical unvollständig. Gespielt werden die meisten Musicals in den rund 40 Theatern, die nördlich des Times Square zwischen Broadway und Eighth Ave. angesiedelt sind – jener Gegend also, die gemeint ist, wenn man vom »Broadway« spricht.

Erfolgreiche Musicals sind ständig ausverkauft. Wer Plätze im Parkett (»orchestra«) oder im vorderen Rang (»front mezzanine«) haben will, muss sich Monate vorher um Karten bemühen. Für einen guten Platz muss man zudem mit ca. 100 $ rechnen. Für die Nachmittagsvorstellungen mittwochs und samstags ist es oft leichter, an Karten zu gelangen.

Falls die Vorstellung bereits ausverkauft ist, lohnt es sich, bei den Ticketagenturen anzufragen, die gegen eine Provision Restkarten vermitteln (▸ S. 47). Karten für Vorstellungen, die noch nicht ausverkauft sind, können am selben Tag zum halben Preis erworben werden, und zwar am TKTS-Kiosk am nördlichen Ende des Times Square (tgl. 15–20 Uhr). Man sollte sich allerdings auf eine längere Wartezeit an der Kasse gefasst machen.

OPER

New York besitzt zwei Opernhäuser. Beide gehören zum Lincoln Center und liegen direkt nebeneinander.

Metropolitan Opera ▸ S. 144, B 12

Das bekannte Haus – umgangssprachlich als »Met« bezeichnet – ist eines der drei oder vier Spitzeninstitute der Welt. Die musikalische Leitung hat James Levine inne. Die Opernsaison dauert von Oktober bis Mai. Gute Parkettplätze kosten zwischen 100 und 300 $. Karten sollten Sie unbedingt rechtzeitig vorbestellen!

Upper West Side • Broadway/63rd St. • U-Bahn: Lincoln Center (a 3) • Tel. 362-6000 • www.metoperafamily.org

New York City Opera ▸ S.144, B 12

Dieses zweite New Yorker Opernhaus stand stets im Schatten seines übermächtigen Nachbarn. Von der Finanzkrise wurde es besonders schwer mitgenommen. Im Frühjahr und Winter tritt hier das New York City Ballet auf.

Upper West Side • New York State Theater, Broadway/63rd St.• U-Bahn: Lincoln Center (a 3) • Tel. 870-5570 • www.nycopera.com

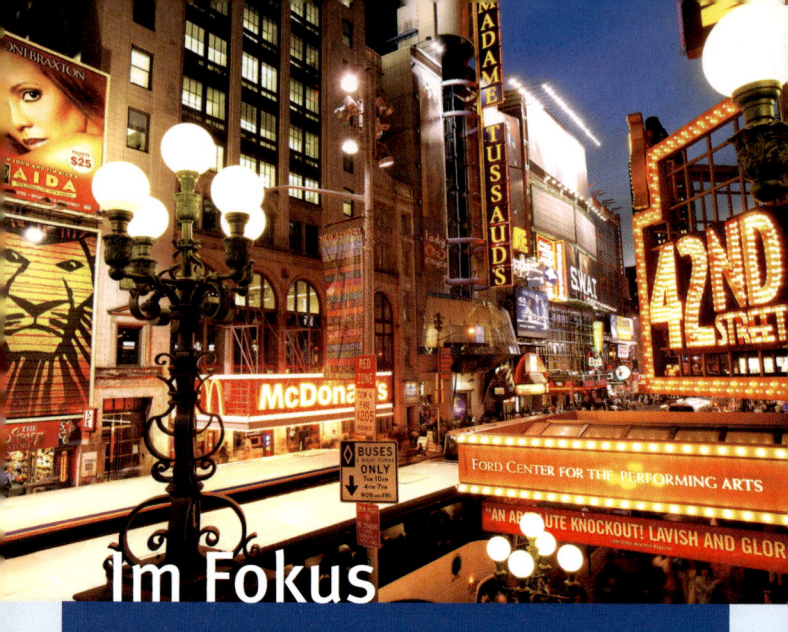

Im Fokus

Die Erfindung des Musicals

Das Musical ist mehr als 100 Jahre alt und immer noch quicklebendig. Es gehört unbedingt zu Ihrem Besuch.

In der Oper »Ariadne auf Naxos« geht es bekanntlich darum, dass eine antike Tragödie gleichzeitig mit einer schlüpfrigen Tanzmaskerade zur Aufführung gelangt. Was Richard Strauss und Hugo von Hofmannsthal, natürlich ohne es zu ahnen, auf die Bühne brachten, war nichts anderes als eine hochkultivierte Variante des Musicals – mit einem kleinen Unterschied: In New York zeugte nicht eine Laune des »reichsten Mannes von Wien« den Zwitter, sondern eine Brandkatastrophe: Am 21. Mai 1866 wurde die Academy of Music, New Yorks größtes Theater, durch ein Feuer zerstört. Wenige Tage danach traf eine französische Tanzgruppe ein, um in der Akademie ihren Pariser Hit »La Biche au Bois« (Die Hirschkuh im Wald) zu wiederholen. Die wegen ihrer langen Beine und kurzen Röcke bewunderten Damen wussten nicht, wohin. Das zweitgrößte Theater, Niblo's Garden, war belegt. Dort begannen gerade die Proben für das Melodram »The Black Crook« (Der schwarze Gauner), eine Mischung aus »Faust« und »Freischütz«, aber auch mit einer komischen Figur namens Dagobert von Puffengruntz. William Wheatley, der Manager von Niblo's Garden, hatte eine Idee: Er engagierte die heimatlosen Tänzerinnen. Und da er schon einmal dabei war, reicherte er seine Show durch weitere Zutaten an.

◀ Der Broadway (▶ S. 63) zwischen Times Square und Eighth Avenue ist die weltweite Hochburg des Musicals.

Was am 21. September 1866 die Premierenbesucher dann zu sehen bekamen, war eine Mixtur aus Schauspiel, Ballett, Gesang und überrumpelnden Bühneneffekten, die dem Kritiker der »Times« den Ausruf entlockten: »Ein Spektakel dieser Art hat es im amerikanischen Theater bisher noch nicht gegeben.« Das Musical war geboren.

West Side Storys

Charakteristisch für die weitere Entwicklung des Sprösslings war die Unbekümmertheit, mit der er einheimische und ausländische Elemente aufnahm. Ragtime und Jazz absorbierte er ebenso bereitwillig wie Offenbachs Opéras bouffes und die Wiener Operette. Nach Amerikas Eintritt in den Ersten Weltkrieg ging das Musical zu seinem Wiener Stammverwandten auf Distanz. In »Show Boat« (1927) fand es schließlich ganz zu sich selbst. Nicht nur die Musik (Jerome Kern) war voll brillanter Einfälle, auch das Libretto (Oscar Hammerstein) erzählte eine richtige Geschichte. Im Gegensatz zu seinen leichtgewichtigen Vorgängern, die größeren Wert auf die Ausstattung legten als auf Sinn und Verstand, wagte sich Hammerstein sogar an soziale Probleme heran, den Rassenwahn des Südens und das schwere Leben der schwarzen Dockarbeiter am »Ol' Man River«, dem Mississippi. Nach dem Tode von Kern tat er sich mit Richard Rodgers zusammen. Dem Tandem glückten mehrere Hits, die jahrelang am Broadway liefen – »Oklahoma« (1943), »South Pacific« (1949), »The King and I« (1950) und »The Sound of Music« (1960).

Wie die Oper bediente sich auch das Musical gern bei den Meisterwerken des Theaters: Shakespeares »Der Widerspenstigen Zähmung« verwandelte sich in Cole Porters »Kiss me, Kate« (1948), Shaws »Pgymalion« in Frederick Loewes »My Fair Lady« (1956) und »Romeo und Julia« in Leonard Bernsteins »West Side Story« (1960). Den höchsten Ruhm bei Kennern genießt George Gershwins »Porgy and Bess« (1935). Wegen seines zwielichtigen Milieus von Mördern und Bettlern hatte Gershwins Musical zunächst keinen Erfolg. Heute wird es sogar in Opernhäusern aufgeführt.

Schwere Zeiten für den Broadway

Seit den Siebzigerjahren geht es mit dem Musical bergab. Die gewaltige Steigerung der Produktionskosten machte es immer schwieriger, Geldgeber – »angels« im Fachjargon – für neue Stücke zu finden. Was früher undenkbar gewesen wäre, wird nun achselzuckend hingenommen. Der Broadway besteht nicht mehr auf seinem Erstgeburtsrecht. Stattdessen übernimmt er erfolgreiche Inszenierungen, wo er sie findet – von einem Off-Broadway-Theater oder gar aus dem Ausland. Auf diese Weise kamen Schönbergs (Claude-Michel, nicht Arnold) »Les Misérables« (1980) aus Paris nach New York sowie aus London Andrew Lloyd Webbers »Cats« (1981) und »The Phantom of the Opera« (1986). Lloyd Webber ist nicht nur der erfolgreichste Verfertiger von Musicals, er hat auch mehr Geld verdient als jeder andere Komponist der Musikgeschichte.

Dennoch gehört das Musical zu New York wie der Eiffelturm zu Paris. Ein Besuch ist ein »must«.

Feste und Events

Zum Feiern auf die Straße: Bei den großen Straßenfesten und Paraden steht ganz New York Kopf. Nur der Karneval fehlt – vielleicht weil ohnehin das ganze Jahr Karneval ist.

◄ St. Patrick's Parade (► S. 59): Zu Ehren des irischen Nationalheiligen ist New York in das irische Grün getaucht.

JANUAR

Chinesisches Neujahrsfest

Der erste Vollmond nach dem 19. Januar wird zehn Tage lang mit Feuerwerk, Umzügen und Festbanketten gefeiert. Mittelpunkt der geräuschvollen Aktivitäten ist die Mott Street. Chinatown • U-Bahn: Canal/Lafayette St. (b 5)

Winter Antiques Show

Auf New Yorks größter und elegantester Antiquitätenmesse sind keine Schnäppchen zu machen. Die Preise sind alpin. Aber auch wer nichts kaufen will, wird an den oft museumsreifen Stücken seine Freude haben. Ende Jan • Upper East Side • 7th Regiment Armory/643 Park Ave. (zwischen 66th und 67th St.) • U-Bahn: Hunter College (b 3) • www.winterantiques show.com • Eintritt 20 $

MÄRZ

St. Patrick's Parade

Der Feiertag des irischen Nationalheiligen eröffnet die Paraden-Saison. Der Umzug beherrscht die Fifth Avenue, deren Mittelstreifen sogar die irische Nationalfarbe Grün annimmt. Von den Stufen der St. Patrick's Cathedral grüßt Kardinal Egan seine Landsleute. Nachmittags und abends wird in Kneipen dem Alkohol kräftig zugesprochen. 17. März • Upper East Side/Midtown

APRIL

Easter Parade 👫

Die Osterparade (Fifth Avenue) gehört zu den größten und beliebtesten Umzügen New Yorks. Erst danach gestattet sich der modebewusste Herr, weiße Schuhe und Strohhut zu tragen. Ostersonntag • Midtown

Antiquarian Book Fair

Antiquare aus den USA, Kanada und Großbritannien bieten hier ihre Schätze feil. Fr–Sa, wechselnde Termine • Upper East Side • 7th Regiment Armory/643 Park Ave. (zwischen 66th und 67th St.) • U-Bahn: Hunter College (b 3) • www.sanfordsmith.com • Eintritt 20 $

JUNI

NYC Pride Parade

Am letzten Sonntag im Juni erinnern die Homosexuellen – nicht nur in New York – an den »Stonewall-Aufstand« von 1969, bei dem sich eine frühere Generation erstmals gegen die Übergriffe der Polizei zur Wehr setzte. Die Parade enthält humoristische, aber auch politische Elemente. Das dichteste Gedränge herrscht zwischen Washington Square und Christopher Street. Danach wird im Village bis tief in die Nacht hinein gefeiert. Letzter So im Juni • Greenwich Village • www.nycpride.com

Shakespeare in the Park

Im Delacorte Theater, einem Freilichttheater im Central Park, werden Stücke jenes Mannes aufgeführt, von dem wir bis heute nicht wissen, ob er sie wirklich geschrieben hat. Veranstalter ist das Public Theater im East Village, eines der wenigen New Yorker Theater, die öffentliche Zuschüsse erhalten. Da der Eintritt frei ist und der Andrang groß, ist es ratsam, sich schon nachmittags in die rasch länger werdende Schlange einzureihen. Kartenabgabe ab 18.30 Uhr.

MERIAN-Tipp 6

HALLOWEEN PARADE 👫
▶ S. 146, C 16

Wenn die deutschen Protestanten den Thesenanschlag von Wittenberg feiern, treiben die Amerikaner einen morbiden Mummenschanz. Ursprünglich ein Fest für Kinder, die an Türen mit der Drohung »trick or treat« Bonbons erbetteln, erfreut es sich auch unter Erwachsenen zunehmender Beliebtheit. Höhepunkt ist der abendliche Maskenzug durch das Greenwich Village (6th Ave./14th St.).
31. Oktober • Greenwich Village

Juni – August • Upper West Side • Central Park West/81st St. • U-Bahn: CPW/81st St. (a 2) • www.publicteater.org.

JULI
Independence Day

Der amerikanische Nationalfeiertag wird in New York ähnlich begangen wie in Paris der französische: Auf dem East River wird ein Feuerwerk gezündet (bester Blick vom FDR Drive, der an diesem Tag für Autos geschlossen ist). In der Gegend um den Battery Park drängt sich das Volk, um den patriotischen Zeremonien des Old New York Festival und der Parade zur City Hall zuzuschauen.
4. Juli • Tribeca

Mostly Mozart

Während der Sommerpause bietet das Lincoln Center (Avery Fisher Hall) sechs Wochen lang volkstümliche klassische Konzerte.

Juli–August • Upper West Side • Avery Fisher Hall (▶ S. 59) • www.lincoln-center.org

SEPTEMBER
Festa di San Gennaro

Der Namenstag des heiligen Januarius, des Schutzpatrons von Neapel, ist das große Fest von Little Italy. Für elf Tage verwandelt sich das Viertel in ein einziges Freiluftrestaurant.
19. September • Little Italy • U-Bahn: Spring St. (b 5)

New York Film Festival

Anders als in Berlin, Cannes und Venedig legt man hier keinen Wert auf Uraufführungen. Stattdessen wartet man in aller Ruhe den Verlauf der drei Spitzen-Festivals ab und holt dann die erfolgreichsten Filme nach Manhattan. Hauptschauplatz ist die Alice Tully Hall im Lincoln Center Rechtzeitige Kartenvorbestellung ist empfehlenswert.
Ende September – Anfang Oktober • Upper West Side • www.filmlinc.com/nyff/nyff.html

Steuben-Parade

Am dritten Samstag im September feiern die Deutschamerikaner. Gedacht wird des preußischen Hauptmanns Friedrich Wilhelm von Steuben, ohne den die US-Armee den Unabhängigkeitskrieg kaum gewonnen hätte. Was heute auf der Fifth Avenue aufmarschiert, erinnert an ein Butzenscheiben-Deutschland, das seit langer Zeit versunken ist.
3. Sa im September • Upper East Side

OKTOBER
Next Wave Festival

Das wichtigste New Yorker Theaterfestival findet nicht in Manhattan statt, sondern in der Brooklyn Academy of Music (BAM). Hier und im nahe gelegenen, pittoresk vergammelten Majestic Theater zeigen Bob Wilson, Philip Glass, Sasha Waltz und andere »Hohepriester« der Weltavantgarde ihre allerneuesten Schöpfungen.

Oktober–Dezember • Brooklyn • 30 Lafayette Ave. • U-Bahn: Atlantic Ave. (e 6) • www.bam.org

Halloween Parade
▶ MERIAN-Tipp, S.60

NOVEMBER
Marathon

Am ersten Sonntag im November nehmen mehr als 30 000 Menschen am großen Marathonlauf durch sämtliche New Yorker Bezirke teil. Startpunkt ist die Verrazano Bridge, das Ziel die Tavern on the Green im Central Park. Unterwegs feuert eine unübersehbare Menge die Keuchenden an, am Ende werden die erschöpften Sportler wegen der Kälte in Stanniol gewickelt.

1. So im November • www.nyc marathon.org

Print Fair

Wer sich für alte Kunst interessiert, aber auch eine Familie zu ernähren hat, wird früher oder später die Grafik entdecken. Die Print Fair ist die größte Grafikmesse der Welt.

Upper East Side • 7th Regiment Armory/643 Park Ave. (zwischen 66th und 67th St.) • U-Bahn: Hunter College (b 3) • www.ifpda.org • Eintritt 20 $

Thanksgiving Parade ⛄⛄

Das Erntedankfest nehmen Amerikaner weitaus ernster als wir. Als Familienfest wird es nur von Weihnachten übertroffen. Truthähne sehen dem Tag zu Recht mit Beklommenheit entgegen. Die Parade, die an diesem Tag, dem vierten Donnerstag im November, den Broadway hinunterzieht, ist die größte des Jahres. Sie beginnt an der 77th St. und endet aus gutem Grund an der 34th St. bei Macy's, denn dieses Warenhaus finanziert die Parade.

4. Do im November • Upper West Side/Midtown

DEZEMBER
Radio City Christmas Spectacular
▶ MERIAN-Tipp, S.61

MERIAN-Tipp 7

RADIO CITY CHRISTMAS SPECTACULAR ⛄⛄
▶ S. 146/147, C/D 13

In der Weihnachtszeit verwandelt sich ganz New York in ein einziges Straßenfest. Das Aufstellen des Christbaums am Rockefeller Center, das »window shopping« in der Fifth Avenue, der vom New York City Ballet getanzte »Nussknacker« – all dies sind Ereignisse, denen sich die New Yorker jedes Jahr mit neuer Inbrunst hingeben. Höhepunkt ist die Weihnachtsshow in der Radio City Music Hall, in der die Geburt in Bethlehem und Santa Claus mit seiner Spielzeugfabrik am Nordpol zu sehen sind.

Dezember • Midtown • Rockefeller Center/Radio City Music Hall, 6th Ave./50th St. • U-Bahn: Rockefeller Center (b 3) • www.radio city.com

Familientipps
Großstadt-Oasen für Kinder: Dinosaurier sehen, tropische Vögel beobachten, Bootstouren unternehmen. Für die ganz Kleinen ist New York allerdings nicht das ideale Reiseziel.

◄ Auch wenn der Lack ein bisschen ab ist: In Coney Island (▶ S. 63) haben Kinder großen Spaß.

SEHENSWERTES

Eine Reihe von Sehenswürdigkeiten sind auch für Kinder geeignet. Dazu gehören die **Brooklyn Bridge,** der **Central Park,** das **Empire State Building,** die **Freiheitsstatue** und der **South Street Seaport.**

Bronx Zoo   ▶ S. 141, F 1

Die Bronx gehört zu den Stadtteilen, die der Besucher in der Regel meidet – aus gutem Grund: Vor allem die Slums in der South Bronx sind ein trostloses, nicht ungefährliches Pflaster. Von einem Ausflug in den – weiter nördlich liegenden – Bronx Zoo sollen sich Eltern dagegen nicht abschrecken lassen. Mit 2,4 Mio. Besuchern im Jahr ist er eine der beliebtesten Attraktionen New Yorks. Die meisten der 3800 Tiere sind nicht hinter Gittern, sondern in ihrer natürlichen Umwelt zu sehen.

Empfehlenswert ist die Rundfahrt mit der »Skyfari«-Hochbahn und die Reise mit dem »Bengali Express« durch »Wild Asia« (beide April bis Oktober). Weitere Höhepunkte sind das Affenhaus (»Monkey House«), ein tropischer Regenwald mit gut 100 Vogelarten (»World of Birds«) und die Nachttiere, die durch einen optischen Trick getäuscht werden, sodass sie den Tag für die Nacht halten und wir sie im Wachzustand erleben (»World of Darkness«).

Bronx • 2300 Southern Boulevard/ 183rd Street • U-Bahn: East Tremont Ave./West Farms Square • www. bronxzoo.com • Mo–Fr 10–17, Sa, So 10–17.30 Uhr • Eintritt 15 $, Kinder 11 $

Coney Island   ▶ S. 117, a 3

Der Name ist irreführend: Coney Island ist keine Insel, sondern der Badestrand von Brooklyn. Bis zum Zweiten Weltkrieg stand hier Amerikas berühmtester Vergnügungspark mit Attraktionen aller Art. Davon ist nur ein Torso übrig geblieben, darunter die bei Kindern besonders beliebte Achterbahn (»roller coaster«). Auch der Fallschirm-Sprungturm (»parachute jump«) steht noch, ist aber außer Betrieb.

Die meisten Häuser in Coney Island sind in erbärmlichem Zustand – kein Vergleich mit europäischen Seebädern. Aber der Strand ist inzwischen wieder recht sauber und das Gewimmel am Wochenende eine Fundgrube für Fotografen.

Besuchen sollten Sie mit Ihren Kleinen das **New York Aquarium** (Surf Avenue/West 8th Street; www. nyaquarium.com, tgl. 10–18 Uhr, Eintritt 13 $, Kinder 9 $) mit seinen Delfinen, Haien und Zitteraalen, die ihre Beute mit Stromstößen von 600 Volt betäuben.

Den Hunger stillt eine Knackwurst in »Nathan's Famous Restaurant«, der »Mutterhündin«, von der alle »hot dogs« dieser Erde abstammen (Surf/Stillwell Avenue).

Brooklyn • U-Bahn: Coney Island (südöstl. e 6) • Fahrzeit von Midtown Manhattan eine knappe Stunde

MUSEEN

Unter den Museen sind in erster Linie das **American Museum of Natural History,** das **Fire Museum** und das **Paley Center for Media** für Kinder empfehlenswert.

🎎 Weitere Familientipps sind durch dieses Symbol gekennzeichnet.

Seinen Namen verdankt der Times Square (▶ S. 87) der weltbekannten Tageszeitung »New York Times«. Hier schlägt das Herz der Stadt.

Unterwegs
in New York

Die Zeit in New York wird rasch knapp. Sehenswürdigkeiten und Einkaufsmeilen führen den Reisenden in
Versuchung – vom Nachtleben ganz zu schweigen.

Sehenswertes

New York ist eine junge Stadt. Und doch weist sie eine Vielzahl historischer Zeugnisse auf. Im Gegensatz zu anderen amerikanischen Großstädten ist sie fußgängerfreundlich.

◄ Die Statue of Liberty (▶ S. 86) ist ein Geschenk Frankreichs an die USA zur Hundertjahrfeier ihrer Unabhängigkeit.

Vergessen Sie über all den Sehenswürdigkeiten nicht die Gegenwart: Im Garment District oder in ethnisch geprägten Vierteln wie Chinatown und Harlem lässt sich der Charakter dieser Stadt viel besser erfühlen als in einem Kirchenschiff. Und da New York zu den wenigen amerikanischen Großstädten gehört, die man ohne Auto erkunden kann, lassen sich die meisten der Sehenswürdigkeiten zu Fuß erreichen. Für größere Strecken empfehlen sich allerdings die öffentlichen Verkehrsmittel, also U-Bahn (Subway), Bus oder Taxi.

Auch wer wenig Englisch spricht, findet sich in New York leicht zurecht. Wer sich dennoch lieber einem Ortskundigen anvertrauen will, was sich besonders für den schwarzen Stadtteil Harlem empfiehlt, sei auf das Kapitel »Reisepraktisches von A–Z« (▶ S. 132) verwiesen.

Die Erforschung der Stadt beginnt häufig in der Gegend um das Rockefeller Center. Die Wall Street sollte man unbedingt an einem Werktag besichtigen, am Wochenende ist sie wie ausgestorben. Der erste Abendbummel führt den Globetrotter ins »Village«.

Battery Park ▶ S. 149, D 20

Park an der Südspitze von Manhattan, lohnend vor allem wegen seines wunderbaren Blicks auf die Hudson-Bucht und die Freiheitsstatue. Ein Denkmal erinnert daran, dass im April 1524 der Florentiner Kaufmann Giovanni da Verrazano als erster Europäer Manhattan sichtete.

Der etwas düstere Rundbau am Nordende des Parks ist das Castle Clinton. Ursprünglich als Festung gebaut, diente es später als Konzertsaal, Aquarium und Einwanderungszentrum. Zwischen 1855 und 1892, als das Zentrum auf das vorgelagerte Ellis Island verlegt wurde, betraten hier insgesamt mehr als 7 Mio. Immigranten das Land ihrer Sehnsucht. Nördlich davon entstand die **Battery Park City**, ein ganz neues Viertel, dessen Grund und Boden dem Wasser abgerungen wurde. Hier finden Sie Manhattans einzige Uferpromenade und den Winter Garden, eine eindrucksvolle Glasgalerie mit Läden und Cafés. Im Osten des Parks erheben sich die Wolkenkratzer des Finanzdistrikts.

Tribeca • U-Bahn: Bowling Green (b 6)

Broadway

▶ S. 140, A 1 – S. 149, D 20

Mit 21 km ist der Broadway New Yorks längste Straße. Sie beginnt am Bowling Green an der Südspitze Manhattans und endet ganz im Norden in der Bronx. Im engeren Sinne ist mit dem Broadway der Theaterdistrikt nördlich des Times Square gemeint – neben dem Londoner Westend die dichteste Konzentration von Bühnen auf dem Globus. Unzählig die (Musik-) Theaterstücke, die hier ihre Uraufführung erlebten. Wer ein Musical sehen will, ist hier an der richtigen Adresse

Manhattan • U-Bahn: Times Square (a 3)

Brooklyn Bridge 👥

▶ S. 149, E/F 19

Unter den New Yorker Brücken die historisch bedeutsamste und trotz nachgewachsener Konkurrenz wohl

Entspannende Abwechslung zum Manhattan-Trubel bietet ein Spaziergang entlang der pittoresken Häuserfassaden in Brooklyn Heights (▸ S. 68).

immer noch schönste – als »Stahlharfe« von Dichtern besungen und von Künstlern gemalt. Bei ihrer Einweihung 1883 wurde sie als technisches Wunder, vergleichbar dem Suezkanal, bestaunt: Damals war sie die längste Hängebrücke der Welt. Entworfen wurde sie 1869 von dem aus Thüringen eingewanderten Ingenieur Johann August Röbling. Kurz nach Genehmigung seines Entwurfs fiel Röbling einem Arbeitsunfall zum Opfer: Er starb an einer Blutvergiftung. Sein Sohn Washington übernahm die Leitung des Baus, der unter schwierigsten Bedingungen langsam Fortschritte machte. Um bei den Erdarbeiten das Eindringen von Wasser zu verhindern, konstruierte Röbling junior Überdruckkammern, an die sich die Arbeiter täglich graduell gewöhnen mussten. Trotzdem kam es immer wieder zu geplatzten Trommelfellen, ja sogar zu Todesopfern; auch Röbling selbst wurde durch die »Taucherkrankheit« mehrmals außer Gefecht gesetzt. Eine Woche nach der Eröffnung stolperte eine Frau auf der Treppe. Ihr Geschrei führte zu einer Panik, bei der zwölf Menschen zu Tode kamen.

Auch heute noch ist die Brücke bei Akrobaten, die ihre Schwindelfreiheit unter Beweis stellen wollen, sehr beliebt. Lassen Sie sich dadurch nicht beirren, und machen Sie auf dem für Fußgänger reservierten Mittelstreifen einen Spaziergang über die Brücke (rund 2 km, Eingang: City Hall Park). Der Blick auf Downtown ist besonders bei Sonnenuntergang unvergesslich.

Brooklyn Heights ▸ S. 149, F 20

Für den echten »Manhattanite« ist Brooklyn ein fremder Erdteil, in den er, wenn er dort nicht gerade Verwandtschaft hat, nie seinen Fuß gesetzt. Eine der zwei oder drei Ausnahmen von der Regel ist das Viertel südlich der Brooklyn Bridge: die Brooklyn Heights. Im 19. Jh. eine elegante Wohngegend, kam es im 20. Jh. außer Mode, wurde dann von Künstlern und Schriftstellern wieder entdeckt und erfreut sich heute bei erfolgreichen Enddreißigern, denen die Upper East Side zu öde oder zu teuer ist, großen Ansehens. Die meisten der alten Häuser wurden liebevoll restauriert.

Ein reizvoller Spaziergang erwartet Kenner der amerikanischen Literatur. Im Haus 102 Pierrepont St. bewohnte Arthur Miller von 1944 bis 1947 die beiden Untergeschosse. Hier entstand »Alle meine Söhne«, sein zweites Theaterstück. Im obersten Stock lebte Norman Mailer mit seinen Eltern. Nachdem Mailer von der Pazifik-Front zurückgekehrt war, schrieb er seinen Roman-Erstling, der bis heute als sein Meisterwerk gilt: »Die Nackten und die Toten«. 1947 zog Miller aus und kaufte drei Straßen weiter südlich ein Haus (31 Grace Court). Dort entstand das – in Brooklyn spielende – Drama, das Theatergeschichte machte: »Der Tod eines Handlungsreisenden«.

Seine letzten Lebensjahre verbrachte Mailer im Haus 142 Columbia Heights. Der einst sehr berühmte Thomas Wolfe (»Schau heimwärts, Engel«) wohnte an der Uferpromenade (▶ MERIAN-Tipp, S. 69). Nachdem er in einem leichtsinnigen Interview seine Adresse (5 Montague Terrace) verraten hatte, musste er seine Wohnung fluchtartig verlassen. Um seinen Fans zu entgehen, verschanzte er sich in einem Hotel. Nicht weit davon schrieb Truman Capote »Frühstück bei Tiffany« und seinen Tatsachenroman über einen vierfachen Mord in Kansas, »Kaltblütig« (70 Willow St.).

Brooklyn • U-Bahn: Clark St. (d 6)

Carnegie Hall   ▶ S. 146, C 13

Konzertsaal mit legendärer Akustik, am 5. Mai 1891 unter Mitwirkung Tschaikowskys eingeweiht. Ein Rundgang durch die Bildergalerie im 1. Stock und das kleine Hausmuseum belehren den Besucher, dass es auch später an großen Namen nicht fehlte: Erst wer in der Carnegie Hall aufgetreten war, konnte sich rühmen, die oberste Sprosse der Karriereleiter erklommen zu haben.

Einige Konzerte machten Musikgeschichte, etwa das vom 14. November 1943, als für den unpässlichen Bruno Walter ein 25-jähriges Greenhorn einsprang. Am nächsten Tag hatte Amerika einen neuen Star: Leonard Bernstein.

MERIAN-Tipp **8**

UFERPROMENADE IN BROOKLYN HEIGHTS
▶ S. 149, F 20

Die dichteste Ansammlung hübscher viktorianischer Häuser in Brooklyn Heights finden Sie in der Willow Street. Höhepunkt ist der Blick von der Uferpromenade oberhalb des Brooklyn-Queens Expressway auf Downtown Manhattan, besonders schön bei einbrechender Dunkelheit. Hier haben Sie auch eine gute Chance, Fotografen beim Ablichten attraktiver Models zuzuschauen.

Brooklyn • U-Bahn: Clark St. (d 6)

In den 1960er-Jahren, als ein neuer Konzertsaal am Lincoln Center gebaut wurde, drohte der »teuren Halle« an der 57th St. der Abriss: Investoren wollten die Carnegie Hall durch ein Bürogebäude ersetzen. Ein Rettungskomitee bewahrte New York vor dieser Kulturschande. Der große Saal trägt heute den Namen des Geigers Isaac Stern, der das Komitee ins Leben rief.
Midtown • 57th St./Seventh Ave. • U-Bahn: 57th St. (b 3) • www.carnegie hall.com)

Central Park ⭐ 1 ♟

▶ S. 144, C 9–12

Der fast 4 km lange, 800 m breite, rechteckige Park ist New Yorks »grüne Lunge«. Besonders an sonnigen Wochentagen tummelt sich hier das Volk: Jogger, Radfahrer, Rollschuhläufer, picknickende Familien, Rockgruppen, schwarze Kindermädchen mit ihren weißen Schützlingen, berufsmäßige »dogwalkers«, die mit einem halben Dutzend Hunde »Gassi gehen« – an wenigen Orten lässt sich das bunte Menschengemisch Amerikas besser beobachten.

Fotografen und unheilbaren Romantikern sei der Blick über den künstlichen Teich an der Südostecke auf das Plaza Hotel empfohlen. Nördlich davon liegt der – 1988 wieder eröffnete – Zoo, gleich daneben der Kinderzoo. Theaterfreunde werden sich für die Freilichtaufführungen – meist Shakespeare und Musicals – interessieren, die jeden Sommer im Delacorte Theater stattfinden (Zugang von der Westseite an der 81st St.; da der Eintritt frei ist, sollten Sie sich schon am Nachmittag in die Warteschlange einreihen). Im Juni gastiert die Metropolitan Opera

gratis auf der »Großen Wiese« (gleicher Eingang); zu diesem Volksfest strömen Zehntausende, um Renée Fleming oder Placido Domingo live zu erleben. Die Qualität der Lautsprecheranlage lässt allerdings zu wünschen übrig.

Chinatown ♟♟

▶ S. 149, D/E 18

Unter den ethnischen Gruppen, die Amerika zu ihrer zweiten Heimat machen, haben sich die Chinesen – neben den orthodoxen Juden – am stärksten von ihrer Umgebung abgeschottet. Das hängt nicht zuletzt mit der restriktiven Gesetzgebung und den Widerständen zusammen, die ihnen lange Zeit entgegengebracht wurden: Von 1882 bis 1965 war die Einwanderung von Chinesen ganz untersagt.

In den letzten zwei Jahrzehnten hat die Immigration aus Taiwan, Hongkong und der Volksrepublik sprunghaft zugenommen; allein in New York leben weit über 100 000 Chinesen. Das **Museum of Chinese in America** (215 Centre St., www. mocanyc.org, Do–Mo 11–17 Uhr, Eintritt 7 $, Kinder frei) dokumentiert Leben und Kultur der chinesischen Einwanderer in den USA.

In dem Bezirk, der durch Canal Street, Bowery, Worth Street und Mulberry Street begrenzt wird, werden Sie sich vorkommen wie in Kanton oder Shanghai. Sogar die Telefonzellen tragen ein Pagodendach. Beachten Sie den buddhistischen Tempel (16 Pell St.).

Kein Besuch von Chinatown ist vollständig ohne ein chinesisches Essen. Speisen Sie dort, wo Sie viele Chinesen sehen.
Tribeca • U-Bahn: Canal St./Lafayette St. (b 5)

Viel mehr als eine Grünanlage ist der Central Park (▶ S. 70). Dieser Stadtpark der Superlative zieht jährlich 25 Mio. Besucher an.

Chrysler Building   ▶ S. 147, D 14

New Yorks zweithöchster (320 m, höher als der Eiffelturm) und elegantester Wolkenkratzer wurde 1930 eröffnet – wenige Monate nach dem »Schwarzen Freitag« an der Wall Street. Die Spitze aus Edelstahl, die geflügelten Wasserspeier und andere Anspielungen auf das Gewerbe des Bauherrn, des Automagnaten Walter P. Chrysler, entzücken heute wie damals unser Auge.

Chrysler war weniger begeistert: Er verweigerte dem Architekten William Van Alen das vereinbarte Honorar. Die Spitze ist leider nicht zugänglich. Doch lohnt auch die Lobby mit ihrem roten Marmor und ihrer reichen Ornamentik, ein schönes Beispiel des Art-déco-Stils, einen Besuch.

Midtown • 450 Lexington Ave. (zwischen 42nd und 43rd St.) • U-Bahn: Grand Central (b 3)

Columbia University   ▶ S. 142, B 8

Unter den 130 Hochschulen in New York ist sie die älteste (Gründungsjahr 1754) und angesehenste, aber nicht die größte: Das ist die New York University am Washington Square (40 000 Studenten und 5000 Professoren). Ihr jetziges Domizil am oberen Broadway (Haupteingang an der 116th St.) bezog die Columbia University erst 1897. Der trotz immer neuer Anbauten sehr geschlossen wirkende Campus wird von der **Low Memorial Library** auf der Nordseite beherrscht: Dieser majestätische Bau im Stil eines römischen Tempels beherbergt heute die Verwaltung. Die Bibliothek ist in der **Butler Library** an der Südseite

Wieder die Nr. 1 unter den Wolkenkratzern: das Empire State Building (▶ S. 73).

untergebracht: Mit 8 Mio. Bänden ist sie die viertgrößte in Amerika.

Auf der anderen Seite des Broadway liegt das **Barnard College für Frauen** von 1889 – ein wichtiger Beitrag zur Emanzipation. Ein Besuch der Columbia University lässt sich bequem mit einem Abstecher zur größten gotischen Kirche der Welt, **St. John the Divine,** verbinden.

Upper West Side • U-Bahn: 116th St. (a 1) oder Bus 4 und 104

City Hall (Rathaus) und Umgebung ▶ S. 149, D 19

Da sich Manhattan im Lauf der Jahrhunderte von Süden nach Norden entwickelte, ist es kein Wunder, dass – während das Geschäftsleben heute um **Midtown** (42nd bis 57th St.) gravitiert – das Zentrum von Verwaltung und Rechtsprechung in **Downtown** geblieben ist. Bürgermeister Bloomberg residiert in einem eleganten Schloss, das von 1803 bis 1812 in einem italienische und englische Elemente verbindenden Stil errichtet wurde. Hier wurde 1865 der ermordete Abraham Lincoln aufgebahrt: 120 000 New Yorker erwiesen dem Toten die letzte Ehre, bevor er zur Bestattung in seine Heimat Illinois überführt wurde. Im Park pflegten die Engländer während des Unabhängigkeitskrieges Insurgenten aufzuknüpfen.

An der Westseite des Parks liegt das **Woolworth Building** (▶ S. 88) aus dem Jahr 1913, New Yorks ältester und bis 1930 höchster Wolkenkratzer (240 m). Die Baukosten von 13,5 Mio. Dollar – eine damals astronomische Summe – bezahlte der Erfinder der »Five-and-ten-cent-stores« komplett in bar . Links daneben die **St. Paul's Chapel**, New Yorks älteste Kirche (1766).

Nördlich des Rathauses liegen um den Foley Square herum mehrere Gerichtsgebäude – einige davon im eklektizistischen Zuckerbäckerstil, den man eher in Moskau erwarten würde. Auf dem Platz vor dem Federal Building, an der Kreuzung Worth und Lafayette St., stand jahrelang Richard Serras »gekippter Bogen« – eine verrostete Stahlscheibe, die viele Fachleute für Kunst hielten, die Mehrheit der dort Beschäftigten jedoch für eine Beleidigung des Auges. Nach jahrelangen Anhörungen und Prozessen wurde der Stahl des Anstoßes 1989 entfernt.

U-Bahn: Station City Hall/Brooklyn Bridge (b 5/6)

Coney Island 👫👶

▶ Familientipps, S.63

Dakota   ▶ S. 144, C 12

Filmfreunde kennen die dunkle Trutzburg aus »Rosemarys Baby«. Hier wurde Mia Farrow vom Teufel geschwängert. Als das Apartmenthaus 1884 fertig wurde, stand es allein auf weiter Flur und schien den New Yorkern so weit abgelegen wie der Wilde Westen – daher der Name. Anfang der 1930er Jahre zog William Henry Pratt – besser bekannt unter seinem Künstlernamen Boris Karloff – im Dakota ein. Eine schier unendliche Reihe von Schauspielern folgte seinem Beispiel, darunter José Ferrer mit seiner Frau Rosemary Clooney, Judy Garland und Lauren Bacall (die dort noch immer wohnt). Auch »Lenny« Bernstein, »Rudy« Nurejew und John Lennon hielten hier Hof. An die Ermordung Lennons, der vor dem Haus einem geistig verwirrten Fan zum Opfer fiel, erinnert gegenüber im Central Park ein Hain (»Strawberry Fields«) mit einem Mosaik (»Imagine«). Am 8. Dezember, dem Jahrestag des sinnlosen Verbrechens, sammeln sich hier Scharen trauernder Fans.

Upper West Side • 1 West 72nd St./Central Park West • U-Bahn: 72nd St. (a 2)

Diamond Row
▶ S. 146/147, C/D 13

In der 47th St. zwischen 5th und 6th Ave. werden 80 % des Diamantenhandels in Amerika abgewickelt. Hier finden Sie einen Juwelier neben dem anderen. Fast alle sind orthodoxe Juden mit Kaftan, Hut und Schläfenlocken; am Samstag (Sabbat) ist die Straße daher wie ausgestorben. In unmittelbarer Nachbarschaft (41 West 47th St.) findet sich Gotham Book Mart, eines der besten Antiquariate New Yorks. Wer den frommen Diamantenhändlern ins Wochenende folgen will, muss sich nach Brooklyn aufmachen.

Midtown • U-Bahn: 7th Ave./50th St. (a 3)

Empire State Building 2 👫👶
▶ S. 147, D 15

Von 1931 bis 1970, als er vom World Trade Center entthront wurde, war der Wolkenkratzer an der Fifth Avenue – zwischen 33rd und 34th St. – das höchste Gebäude der Welt (380 m, mit Antenne 440 m). Seit dem Anschlag vom 11. September 2001 ist er in New York wieder die Nummer eins. In den Jahren der Depression stand der Turm größtenteils leer; heute arbeiten hier 15000 Menschen.

73 Aufzüge versorgen die 102 Etagen. Von den Aussichtsterrassen in der 86. und 102. Etage hat man an klaren Tagen einen Rundblick von 70 km. Strenge Sicherheitsvorkehrungen. Wer die Warteschlangen an der Kasse umgehen will, kauft sein Ticket über das Internet.

Murray Hill • 5th Ave. (zwischen 33rd und 34th St.) • U-Bahn:Park Ave./ 33rd St. (b 4) • www.esbnyc.com • tgl. 8–2 Uhr • Eintritt 20 $, Kinder 14 $

Federal Hall   ▶ S. 149, D 19

Der dorische Tempel aus dem Jahr 1842 war ursprünglich ein Zollamt und diente in den sechs Jahren (1784 bis 1990), in denen New York Landeshauptstadt war – bevor es Philadelphia und schließlich Washington wurde – als Sitz des Kongresses. Das Denkmal davor erinnert daran, dass George Washington hier seinen Amtseid schwor.

Tribeca • 26 Wall Street • U-Bahn: Wall Street (b 6) • www.nps.gov/ feha • Mo–Fr 9–17 Uhr • Eintritt frei

Federal Reserve Bank
▶S. 149, D 19

Man könnte glauben, den Palazzo Strozzi in Florenz vor sich zu haben

statt eine der zwölf Zweigstellen des »Fed«, des 1913 geschaffenen Federal Reserve System, nach dessen Vorbild unsere Bundesbank aufgebaut wurde. In seinem Kellergeschoss ruhen mehr Goldbarren als irgendwo sonst auf der Welt. Während die amerikanischen Goldreserven in Fort Knox (Kentucky) aufbewahrt werden, beherbergen die 122 Gewölbe an der Liberty St. das Gold, das andere Länder in Amerika eingelagert haben – rund 10 000 Tonnen, ein Siebtel der Goldvorräte auf dem Globus. Vor dem 11. Sep. 2001 konnte der Keller besichtigt werden. Wenn die amerikanische Regierung, die derzeit in jedem Touristen einen potenziellen Terroristen vermutet, zur alten Gelassenheit zurückgefunden hat, wird sie vielleicht auch die Federal Reserve Bank wieder zugänglich machen.

Tribeca • 33 Liberty St. • U-Bahn: Fulton St. (b 6)

Täglich durchqueren über 500 000 Menschen die imposante Halle der Grand Central Station (▶ S. 75). Im Untergeschoss lockt die Oyster Bar (▶ S. 24) mit gutem Essen.

Fifth Avenue

▶ S. 143, D 6–S. 147, D 16

Die Fifth Avenue ist das Rückgrat von Manhattan. Von hier aus werden die Querstraßen nummeriert: Alles, was westlich liegt, hat ein »West« (W) hinter der Hausnummer, alles, was östlich liegt, ein »East« (E). Für den Touristen interessant sind vor allem zwei Abschnitte: Zwischen **Empire State Building** (34th St.) und dem – teilweise in Apartments umgewandelten – **Plaza Hotel** (59th St.) liegen – abgesehen von den unvermeidlichen Schnellrestaurants und Fotoläden, die seit Jahren die unwiderruflich letzten Tage ihres Räumungsverkaufs ankündigen – viele der bekanntesten Geschäfte der Stadt. »Window shopping« ist ein Sport, dem sich auch die New Yorker hier mit Leidenschaft hingeben.

Nördlich davon beginnt der **Central Park**. Die Wohnungen am Parkrand gehören zu den teuersten der Stadt. Zwischen der Frick Collection (70th St.) und dem Stadtmuseum (103rd St.) liegt die »Museumsmeile« mit dem Metropolitan, dem Guggenheim und dem Whitney Museum.

Unter den Geschäften sind in erster Linie die Bekleidungshäuser (meist für Damen) zu nennen: Lord & Taylor (zwischen 38th und 39th St.), Fendi (56th St.), Saks (Nr. 611), Henri Bendel (Nr. 712) und Bergdorf Goodman (zwischen 57th und 58th St.). Schmuck finden Sie bei Cartier (Nr. 653), Tiffany (Nr. 725), Bulgari (Nr. 730) und Van Cleef & Arpels (Nr. 744); Bücher bei Barnes & Noble (Nr. 555). Die Lederwaren von Gucci (Nr. 725) sind weltweit bekannt. Für ihre Konzerte bekannt ist die neogotische Thomas-Kirche: Unter den Heiligen auf der Altar-

rückwand bemerken Sie auch George Washington. Drei der Sehenswürdigkeiten an der Fifth Avenue – die **St. Patrick's Cathedral**, das **Rockefeller Center** sowie die **Public Library** an der 42nd St. – werden gesondert vorgestellt.

Garment District

▶ S. 146, C 14

New York hat keine »Schornstein-Industrien«: Hier wird weder Kohle gefördert noch Stahl verarbeitet. New Yorks Industrie ist weitaus umweltfreundlicher: Südlich der 40th St., um die 7th Ave. (»Fashion Avenue«) herum, wird ein Fünftel der Bekleidung produziert, die die Amerikaner tragen. Wenn Sie den New Yorkern bei der Arbeit zuschauen wollen, dann lassen Sie sich einfach durch die – zumeist durch Lastwagen verstopften – Querstraßen treiben.

Zwar gibt es nicht mehr die alten »sweat-shops«, in denen Hunderte von Arbeitern unter menschenunwürdigen Bedingungen schufteten. Aber was Sie zu sehen bekommen, vermittelt einen Eindruck von den harten Lebensbedingungen in dieser Stadt, von der es nicht zu Unrecht heißt, sie sei der Ort »to make or to break a man«.

Der Rundgang lässt sich gut verbinden mit einem Besuch bei **Macy's** – dem größten Kaufhaus der Welt mit 12000 Angestellten und einem Angebot von 400000 Waren.

Zwischen Broadway und 7th Ave., 34th und 35th St. • U-Bahn: Penn Station (a/b 4)

Grand Central

▶ S. 147, D 14

Unter den beiden Bahnhöfen New Yorks der architektonisch reizvollere, 1903 bis 1913 im historischen Beaux-Arts-Stil errichtet. Der zweite, Pennsylvania Station, wurde 1963 abgerissen und durch einen gesichtslosen Neubau ersetzt. Von deutschen Bahnhöfen unterscheidet ihn, dass der Zweck des Gebäudes weder von außen noch von innen zu erkennen ist: Die Bahnsteige sind im Untergeschoss versteckt. Dies wurde dadurch möglich, dass seit 1902 im Stadtgebiet nur noch elektrische Lokomotiven zugelassen waren.

Grand Central besitzt eine prächtige Südfassade mit einem Denkmal des »Commodore« Cornelius Vanderbilt, der im 19. Jh. den Eisenbahnverkehr kontrollierte.

Wer miterleben möchte, wie sich die tägliche Rushhour in New York abspielt, sollte sich hier an einem Werktag zwischen 17 und 18 Uhr einfinden – das urbane Gewimmel ist wahrlich atemberaubend.

Midtown • Park Ave./42nd St. • U-Bahn: Grand Central (b 3) • www.grandcentral terminal.com

Grant's Tomb ▶ S. 142, A 7

Die dankbaren Amerikaner errichteten dem siegreichen General im Bürgerkrieg und späteren Präsidenten Ulysses S. Grant dieses imposante Grabmal. Das Äußere wurde vom Grab des Königs Mausolos in Halikarnassos inspiriert, einem der sieben Weltwunder der Antike, das Innere vom Grab Napoleons im Pariser Invalidendom. Mosaiken und zwei kleine Ausstellungsräume erinnern an die Leistungen des Verstorbenen (Mi–So 9–17 Uhr, Eintritt frei). Die Riverside Church gegenüber eifert der Kathedrale von Chartres nach. Sie besitzt das größte Glockenspiel und die größte Kirchenorgel der Welt. Eine Pilgerstätte für die Freunde von Orgelkonzerten.

Upper West Side • Riverside Drive/ 122nd St. • U-Bahn: Broadway/125th St. (a 1) • www.nps.gov/gegr • tgl. 9–17 Uhr

Green-Wood Cemetery

▶ S. 151, südl. von E 24

Die meisten »Manhattanites« machen mit den äußeren Stadtteilen erst nach ihrem Tod Bekanntschaft, wenn sie nämlich in einem der 30 New Yorker Friedhöfe beerdigt werden. Der schönste und größte – viermal so groß wie Père Lachaise in Paris – ist Green-Wood in Brooklyn. Er lohnt einen Besuch nicht nur wegen seines parkartigen Charakters und seiner pompösen Gräber, sondern auch wegen der berühmten und berüchtigten Toten, die hier ruhen. Lassen Sie sich von der Verwaltung (Mo–Fr 8–16 Uhr) einen Plan geben; ohne ihn finden Sie kein einziges Grab und verfehlen möglicherweise sogar den Ausgang.

Deutsche Besucher mag es überraschen, dass die »bayerische Pompadour« in Green-Wood begraben ist. Nachdem ihr Gönner Ludwig I. seinen Thron verloren hatte, landete Lola Montez nach längerer Irrfahrt in Amerika, wo sie mehrere Ehen einging und ihr Münchner Abenteuer auf der Bühne darstellte. 1861 starb sie verarmt und gelähmt, aber fromm geworden in Brooklyn. Ihr verwittertes Grab (Planquadrat 8, Summit Ave. unweit Dale Ave.) trägt ihren Mädchennamen Eliza Gilbert. Auch der Komponist und Dirigent Leonard Bernstein ist in Green-Wood begraben (Planquadrat G), ebenso der Maler Samuel Morse, der das Morse-Alphabet erfand (Planquadrat 25), und »Boss« Tweed, der korrupte Politiker, der Tammany

Hall, das Hauptquartier der Demo-
kraten, mit einer nie wieder erreich-
ten Virtuosität beherrschte, wobei er
die New Yorker um 30 Mio $ prellte
(Planquadrat 55). Er starb 1878 im
Gefängnis.
Brooklyn • Haupteingang: 5th Ave.,
Brooklyn/25th St. • www.greenwood.
com • U-Bahn: 25th St.

Greenwich Village
▶ Spaziergänge, S. 108

Ground Zero ▶ S. 148/149, C/D 19
Wo einst das World Trade Center
stand, gähnt seit dem doppelten Anschlag vom 11. September 2001 eine
riesige Lücke. Die Trümmer der beiden Türme sind inzwischen komplett beseitigt. Im Juli 2004 wurde
der Grundstein zum Freedom Tower
gelegt, der sich an ihrer Stelle erheben soll. Mit 1776 Fuß (541 m, 1776
ist das Gründungsjahr der USA) soll
er das höchste Bauwerk der Welt
sein. Geplant sind außerdem fünf
Bürotürme, ein Theater und zwei
quadratische Teiche (»Reflecting
Absence«) mit den eingravierten Namen der rund 3000 Menschen, die
bei dem Anschlag ums Leben kam-
nen. Was das Projekt, das 12 Mrd.
Dollar kosten soll, fertig wird, steht
in den Sternen.
Zwischen dem Bauherrn Larry
Silverstein und den amtlichen Stellen fehlt es nicht an Spannungen.
Das erste Opfer war David Libes-
kind, der Architekt, der den Turm
entwarf: Er wird ihn nicht selbst bau-
en. Auch David Childs, der glücklich
Erwählte, wurde vom Gouverneur
genötigt, den Turm durch einen
20-stöckigen Sockel gegen mögliche
Anschläge zu sichern. Am Kiosk hinter der St. Paul's Chapel, New Yorks

ältester Kirche, können Sie sich über
den Stand der Dinge unterrichten.
Von dort bietet sich auch ein guter
Blick über die Baustelle.
Tribeca • U-Bahn: Fulton St. (b 6) •
www.wtc.com

Harlem ▶ S. 142/143, C 5/E 8
Harlem, das Viertel im Norden Manhattans zwischen 110th und 162nd
St., ist noch immer die schwarze
Hauptstadt Amerikas. Aber die große Zeit der Zwanzigerjahre, als man
im **Cotton Club** oder in **Small's
Paradise** Louis Armstrong, »Duke«
Ellington und »Count« Basie hören
konnte, ist längst vorbei. Obwohl
sich einiges geändert hat und inzwischen sogar wieder Weiße nach Harlem ziehen, überwiegen immer noch
die Slums.
Für Besucher gibt es hier recht wenig zu sehen. Ausnahmen sind die
Abyssinian **Baptist Church**, die berühmteste der 400 Kirchen in Harlem, das **Studio Museum**, das die
Kunst der »African Americans«
zeigt, und das **Morris-Jumel Mansion**, das älteste erhaltene Haus in
Manhattan (▶ S. 80).

WUSSTEN SIE, DASS …

… der schwarze Bürgerrechtler
Malcolm X am 21. Februar 1965
im Audubon Ballroom (3940
Broadway, zwischen 165th und
166th St., nördlich von Harlem)
erschossen wurde?

Das Praktischste (und Sicherste) für
den in der Zeit eingeschränkten
Besucher ist es, sich einer organisierten Tour anzuschließen. Das Reisebüro Gray Line (777 8th Ave., Tel.
445-0848) veranstaltet jeden Mitt-

woch eine vierstündige Bustour durch Harlem.

Mittwochabends bietet das Apollo Theater (253 West 125th St.) seine berühmten »amateur nights«, in denen sich blutige Anfänger erstmals einem kritischen Publikum stellen. Wer sich für schwarze Gottesdienste interessiert, sollte an einer »Gospel Tour« teilnehmen, die ebenfalls vom Reisebüro Gray Line organisiert wird.

U-Bahn: 125th St. (a/b 1)

Lincoln Center ▸ S. 144, B 12

Dieser 1962 bis 1968 errichtete Gebäudekomplex ist das musikalische Zentrum New Yorks. Postieren Sie sich am Springbrunnen auf der Plaza: Vor sich haben Sie jetzt die **Metropolitan Opera** (beachten Sie die beiden Chagall-Fresken im Foyer), zur Linken das New York State Theater – das Haus der **New York City Opera** und des New York City Ballet – und zur Rechten die Avery Fisher Hall, wo die New Yorker Philharmoniker spielen. Die Akustik der **Avery Fisher Hall** wurde zunächst heftig kritisiert; ein Totalumbau 1976 brachte deutliche Verbesserungen. Rechts im Hintergrund liegt das Vivien Beaumont Theater.

Nördlich der 65th St.: **Alice Tully Hall,** der Kammermusiksaal, wo jedes Jahr im September die New Yorker Filmfestspiele stattfinden. Dasselbe Gebäude beherbergt auch Amerikas berühmteste Musikhochschule, die Juilliard School.

Upper West Side • U-Bahn: Lincoln Center (a 3) • www.lincolncenter.org

Little Italy ▸ S. 149, D 18

Die New Yorker Mafia, die Francis Ford Coppola in seinem dreiteiligen Film »Der Pate« so liebevoll schilderte, ist nicht mehr, was sie einmal war. Dies war hauptsächlich das Verdienst des Staatsanwalts und späteren Bürgermeisters »Rudy« Giuliani, der die Bosse der fünf »Familien« und viele ihrer Gefolgsleute hinter Gitter brachte.

Auch Little Italy, das Hauptquartier von Carlo Gambino, dem Vorbild des »Paten«, Joe Gallo, John Gotti und der anderen starken Männer, hat sich verändert. Umberto's Clam House, wo Gallo 1972 von niemals identifizierten Herren mit Maschinenpistolen niedergestreckt wurde, ist umgezogen: An der alten Adresse (129 Mulberry St.) ließen sich einst die Einschusslöcher in den Wänden bestaunen. An der neuen (386 Broome St.) können wir nur noch den »scungilli salad« bestellen, den »Crazy Joey« im Augenblick seines Ablebens verzehrte. Der Ravenite Social Club (247 Mulberry St.), in dem der Gambino-Clan seine finsteren Pläne ausheckte und in dem Gotti verhaftet wurde, ist heute eine chinesische Boutique. Die zusammengeschmolzenen Reste des Clans treffen sich heute hinter der Fassade eines Zigarrenladens im Hawaiian Moonlighters Club (140 Mulberry St.). Nichtraucher nehmen gegenüber im Café Biondo Platz, um das Kommen und Gehen der meist sehr korrekt gekleideten Führungskräfte zu beobachten.Hier trank auch der 2002 im Gefägnis verstorbene Gotti gern einen Espresso.

Die beste Zeit für einen Besuch in Little Italy ist Mitte September. Elf Tage feiern die Italiener den Namenstag (19. September) San Gennaros, des Schutzpatrons von Neapel. Das ganze Viertel verwandelt

Abends wirkt der in den 1960er-Jahren fertiggestellte und hell erleuchtete Kultur-komplex des Lincoln Center (▶ S. 78) besonders imposant.

sich dann in einen Jahrmarkt, auf dem bis tief in die Nacht gezecht, gespielt und gesungen wird.
U-Bahn: Canal St. (b 5)

Lower East Side
▶ Spaziergänge, S. 110

Madison Avenue ❸
▶ S. 145, D 11/12

Als Begriff steht die vornehme Madison Avenue für vier verschiedene Wirtschaftszweige: Werbung, Mode, Antiquitäten, Kunstgalerien. Der ergiebigste Abschnitt liegt zwischen der 57th und 79th Street. Viele der großen Namen der internationalen Haute Couture finden Sie hier wieder: Ungaro (Nr. 803), Armani (Nr. 815), Gianni Versace (Nr. 816), Jaeger (Nr. 818), Kenzo (Nr. 824), Missoni (Nr. 836), Yves St. Laurent (Nr. 855 und 859), Ralph Lauren (Nr. 867, ein französisches Renaissance-schloss), Givenchy (Nr. 954) – sie alle haben auf der Madison Avenue ihre Boutiquen. Unter den Antiquitätenläden sind die folgenden von besonderem Interesse: Leighton (Nr. 733, alter Schmuck), Rita Ford (19 East 65th St., Spieluhren), American Hurrah (Nr. 766, amerikanische Volkskunst), Chinese Porcelain Company (Nr. 822), Papp (Nr. 962, englische Möbel), Kaplan (Nr. 967, Glas, Porzellan, diverse Nippsachen).

Wohlfeile »Schnäppchen« kann man hier freilich nicht machen; die Madison Avenue wendet sich entschieden an die gut Betuchten, die hier besonders gern am Samstagnachmittag flanieren. In den Nebenstraßen finden Sie einige der angesehensten Kunstgalerien der Stadt: Wildenstein (19 East 64th St.), Knoedler (19 East 70th St.), Hirschl & Adler (21 East 70th St.), Gagosian (Nr. 980), Acquavella (18 East 79th St.), Tunick (12 East 81st St.). Gleich daneben das **Whitney Museum of American Art**. Wer beim Anblick von Kunst und Mode Appetit bekommen hat, stillt ihn mit flotten Models bei »Fred'sX« oder mit der »upper crust« bei »La Goulue«.

U-Bahn: Hunter College (b 3)

Morris-Jumel Mansion
▶ S. 142, B 4

Die älteste der nicht eben zahlreichen New Yorker Villen, die noch aus der Kolonialzeit stammen. Das Haus wurde 1765 gebaut, die Säulenhalle davor 1810. Zu Beginn des Bürgerkriegs unterhielt George Washington hier sein Hauptquartier, musste aber bald dem Oberbefehlshaber der hessischen Söldner, General von Knyphausen, weichen. Nach dem Krieg erwarb der französische Weinhändler Stéphane Jumel das Haus.

Als Jumel eines Tages von einer Geschäftsreise zurückkehrte, fand er seine Geliebte Eliza Bowen, die Tochter eines Matrosen und einer Dirne aus Providence, auf dem Sterbebett. Tief erschüttert, ließ er sich von ihr zur Nottrauung überreden, worauf die Sterbende auf wunderbare Weise genas.

Eine Zeitlang lebte das ungleiche Paar in Paris. Nach der Schlacht von Waterloo erbot sich Jumel, den besiegten Napoleon nach Amerika zu bringen, was dieser jedoch dankend ablehnte. Nach dem Tode Jumels heiratete die interessante Witwe den nicht minder interessanten Ex-Vizepräsidenten Aaron Burr, der Alexander Hamilton im Duell erschossen hatte und später wegen Hochverrats angeklagt wurde. Spiritisten sind davon überzeugt, dass Madame Jumel in ihrem Haus als Gespenst erscheint. Die Sylvan Terrace, die Auf-

Vor der Public Library (▶ S. 81) lädt eine große Freitreppe zum Verweilen zwischen korinthischen Säulen. Aber auch die stilvollen Lesesäle sind einen Besuch wert.

fahrt zur Villa, ist das bemerkens-
werteste Ensemble kolonialer Holzhäuser in New York.
Harlem • 65 Jumel Terrace/161st St. •
U-Bahn: Amsterdam Ave./163rd St. •
www.morrisjumel.org • Mi–So 10–16 •
Eintritt 5$, Kinder frei

Old Merchant House
▶ S. 149, D 17

Wer Henry James' Roman »Washington Square« gelesen oder seine
Verfilmung (»The Heiress«) gesehen
hat, wird sich an das unglückliche
Schicksal des »poor little rich girl«
Catherine Sloper erinnern, die sich
in den falschen Mann verliebt. Das
Vorbild zu dieser Geschichte spielte
sich im Haus der Familie Tredwell
ab, der einzigen Patriziervilla, die aus
der Zeit erhalten ist, als das East Village eine vornehme Gegend war.
Heute zieht es nur wenige Großver-
diener ins East Village. Die, die es
tun, stammen meist aus dem Schau-
gewerbe. Als eine Schule ein paar
Häuser weiter (14 East 4th St.) in
teure Loft-Apartments umgewan-
delt wurde, fanden sie sofort Abneh-
mer, darunter Cher, Britney Spears
und Rob Lowe. Auch Tom Cruise
und Nicole Kidman wohnten hier,
als sie noch ein Paar waren.
Greenwich Village • 29 East 4th St.
(zwischen Lafayette St. und Bowery) •
U-Bahn: Astor Place (b 4) • www.
merchanthouse.com • Do–Mo 12–
17 Uhr • Eintritt 8$, Kinder frei

Park Avenue
▶ S. 147, D 13–16

Architektonisch gesehen Manhattans eindrucksvollste Straße: Ihre
Breite, der gepflegte Grünstreifen in
der Mitte und die spiegelnden Fassa-
den vermitteln das unwiderstehliche
Gefühl von Luxus. Kein Wunder,

dass die Stadtverwaltung den prosa-
ischen Anblick von Bussen aus ihrer
Renommierstraße verbannt hat – ge-
nauer gesagt: aus dem Abschnitt
nördlich der 46th St.; in dem Abschnitt südlich des Grand Central
verliert sie zunehmend an Format.
Einige der **Wolkenkratzer** an der
Park Avenue haben Architekturge-
schichte geschrieben: Das von Mies
van der Rohe und Philip Johnson
entworfene Seagram Building (Nr.
375) und das schräg gegenüber liegende Lever House (Nr. 390) sind
klassische Beispiele »moderner«
Bürohochhäuser.
Der »postmoderne« Reisende, dem
die überall anzutreffenden Zigarren-
kisten der Bauhaus-Nachahmer zum
Halse heraushängen, wird sich ver-
mutlich mehr an der älteren Architektur delektieren: dem 1918 im Stil
der Florentiner Renaissance gebau-
ten Racquet and Tennis Club
(Nr. 370), der aus demselben Jahr
stammenden byzantinischen Bar-
tholomäus-Kirche (zwischen 50th
und 51st St.), dem benachbarten
Hotel Waldorf-Astoria, – werfen Sie
ruhig einen Blick in die Lobby – und
dem Helmsley Building an der 46th
St., in dem die Park Avenue auf rät-
selhafte Weise verschwindet. In der
Weihnachtszeit bleibt das Licht im
Helmsley Building auch nachts über
brennen – und zwar dergestalt, dass
die erleuchteten Fenster zusammen
ein Kreuz bilden.

Public Library
▶ S. 147, D 14

Die Ecke Fifth Avenue/42nd St.
ist – was im Vorkriegs-Berlin die
Kreuzung Leipziger und Friedrich-
straße war – einer der belebtesten
Punkte der Stadt. Auf den Stufen vor
der Bibliothek sitzt an schönen

Das Rockefeller Center (▸ S. 82) dient im Sommer Cafébesuchern, im Winter kommen Schlittschuhläufer in den Genuss dieser spektakulären Kulisse.

Tagen reihenweise das Volk und lässt sich von Straßenmusikanten, Feuerschluckern und Clowns unterhalten. Den beiden steinernen Löwen, die die Freitreppe flankieren – »Patience« und »Fortitude« –, werden zur Weihnachtszeit in einer kleinen Zeremonie Kränze aus Tannenzweigen um den Hals gehängt. Die Bibliothek selbst, ein prächtiges Beispiel amerikanischer Beaux-Arts-Architektur, steht jedermann kostenlos offen (Lesesaal im 3. Stock). Im Erdgeschoss finden häufig Wechselausstellungen statt.
Midtown • So geschl. • U-Bahn: Grand Central (b 3) • www.nypl.porg

Rockefeller Center 4 ⛎⛎
▸ S. 146/147, C/D 13

Wenn es irgendwo ein Zentrum von New York gibt, so liegt es hier. John Rockefeller junior, der Sohn des Ölmilliardärs, nach dem es seinen Namen trägt, wollte hier ursprünglich ein neues Opernhaus errichten. Die Depression machte ihm einen Strich durch die Rechnung. Stattdessen baute er in dem Karree zwischen 5th und 6th Ave., 47th und 52nd St., ein Ensemble von 19 Bürohochhäusern, dessen stilistische Geschlossenheit besticht. Unterirdisch sind die Häuser miteinander verbunden; man kann im Tiefgeschoss (»concourse«) einkaufen, essen, sich frisieren lassen …
Von der »Promenade«, dem Zugang von der Fifth Avenue, fällt der Blick auf das **General Electrics Building,** das höchste Gebäude des Centers (206 m). Die Aussichtsterrasse »Top of the Rock« (67. Etage) bietet einen reizvollen Rundblick – man sieht unter anderem das noch höhere Empire State Building. Vor dem GE Building befindet sich die mit Fahnen geschmückte Lower Plaza mit dem

Prometheus-Denkmal – im Sommer ein Gartencafé, im Winter Eisbahn. Im Dezember wird hinter dem Prometheus eine Riesenfichte mit 18 000 elektrischen Kerzen aufgestellt. Versäumen Sie nicht, die **Radio City Music Hall** zu besichtigen: Mit 5882 Plätzen ist sie das größte Kino der Welt. Filme sind dort heute nur noch ausnahmsweise zu sehen. Stattdessen finden Popkonzerte statt und im November/Dezember das bei Alt und Jung überaus beliebte Radio City Christmas Spectacular, bei dem nicht nur der Weihnachtsmann und das Jesuskind auftreten, sondern auch die »Rockettes«, die mit atemberaubender und beinahe militärischer Präzision die Beine schwingen.

Auch ohne Show lohnt die Radio City Music Hall mit ihrer opulenten Ausstattung, ihren tonnenschweren Lüstern und ihrem hydraulisch auf- und abschwebenden Orchestergraben den Besuch.

Midtown • 1 Rockefeller Plaza (49th–51th St./5th–7th Ave.) • U-Bahn: Rockefeller Center (b 3) • www.rockefellercenter.com
Aussichtsterrasse im GE Building: 30 Rockefeller Plaza (Eingang: 50th St., zwischen 5th und 6th Ave.) • www.topoftherocknyc.com • tgl. 8–24 Uhr • Eintritt 18 $, Kinder 13 $
Radio City Music Hall: 1260 6th Ave. (zwischen 50th St. und 51st St.) • www.radiocity.com

St. John the Divine   ▶ S. 142, B 8

So unwahrscheinlich es klingt: Die größte gotische Kirche der Welt steht nicht in Europa, sondern in New York. Dabei ist St. John the Divine, dessen Bau 1892 begonnen wurde, erst zu zwei Dritteln fertig: Querschiff und Türme fehlen noch. Zunächst in romanischem Stil begonnen (Apsis und Chor), wurde der Bau seit 1911 in gotischem Stil fortgesetzt.

Die amerikanischen Architekten haben sich aber nicht nur von den gotischen Baumeistern inspirieren lassen: Das Taufbecken beispielsweise ist eine Kopie des Brunnens von Jacopo della Quercia in San Giovanni von Siena. Der Fortgang der Arbeiten hängt von der Großzügigkeit der Spender ab; wann mit der Vollendung der Kirche zu rechnen ist, steht in den Sternen.

Der Gottesdienst ist protestantisch (Episcopalian), doch steht die Kirche allen Religionen offen: Jüdische Hochzeiten wechseln mit buddhistischen Begräbnissen und Erntedankfesten der Indianer. Der populärste Gottesdienst ist der Tiersegen am ersten Sonntag im Oktober. Über 6000 Menschen drängen sich auf den Bänken, um Hund, Katze oder Kanarienvogel segnen zu lassen.

Ein Brand beschädigte 2001 Teile der Kirche; doch ist sie seit Kurzem wieder geöffnet.

Upper West Side • Amsterdam Ave./112th St. • U-Bahn: 110th St./Cathedral Parkway (a 1)

St. Patrick's Cathedral 🟥   ▶ S. 147, D 13

Auch der Sitz des katholischen Erzbischofs von New York wurde von 1858 bis 1906 nach dem Muster der gotischen Kathedralen Europas gebaut, Vorbild für die 101 m hohen Türme war der Kölner Dom. Damals galt die Kirche als gewaltiges Bauwerk; heute wirkt sie, umgeben von den riesigen Wolkenkratzern von Midtown, fast zierlich. St. Patrick ist der Nationalheilige der Iren; auch die Erzbischöfe sind traditionell Iren. Der St. Patrick's Day (17. März), der die Saison der New Yorker Paraden eröffnet, wird in seiner Namenskirche mit einem feierlichen Hochamt begangen und danach – etwas weniger feierlich, aber um so intensiver – begossen (▶ S. 59).

Midtown • 460 Madison Ave. • www.saintpatrickscathedral.org • U-Bahn: Rockefeller Center (b 3)

St. Paul's Chapel   ▶ S. 149, D 19

New Yorks älteste erhaltene Kirche (1766), die einzige aus der Kolonialzeit. Der Turm wurde erst 1796 fertig gestellt. Äußerlich ähnelt die Kirche St. Martin's-in-the-Fields am Londoner Trafalgar Square – was wohl der Grund dafür war, dass die britischen Truppen, die New York während des Unabhängigkeitskriegs besetzt hielten, sie nicht wie die andern Kirchen als Lazarett oder Pferdestall missbrauchten, sondern hier ihre Gottesdienste abhielten. Das Innere ist typisch für den vornehm zurückhaltenden »Georgian style«. Hier betete George Washington nach seiner Amtseinführung – oder tat wenigstens so, denn ein gläubiger Christ war er nicht.

Auf dem Friedhof spukt der Geist des Schauspielers George Frederick Cooke auf der Suche nach seinem Kopf. Nach Cookes Tod (1812) wurde der Schädel an den berühmten Hamlet-Darsteller Edmund Kean verkauft, der ihn in der Friedhofsszene als Requisit verwendete. Kean war es auch, der den Gedenkstein für seinen Kollegen bezahlte. Nach dem Anschlag auf das benachbarte World Trade Center, dessen Trümmer sie nur um ein Haar verfehlten, diente die Kirche zunächst als Stützpunkt für Feuerwehrleute und Helfer,

SoHo (▶ S. 85) – nicht mehr unbedingt die erste Adresse für angesagte Galerien, für eine ausgedehnte Shoppingtour aber immer noch sehr zu empfehlen.

später als Treffpunkt der Angehörigen und Gedenkstätte für die Opfer. Eine kleine Ausstellung (»Unwavering Spirit«) erinnert an diese heroische Zeit.

Tribeca • Broadway/Fulton St. • U-Bahn: Fulton St. (b 6) • www.saint paulschapel.org

SoHo ▸ S. 148/149, C/D 17/18

Mit dem gleichnamigen Londoner Stadtteil ist sein New Yorker Gegenstück sprachlich nicht verwandt: SoHo ist eine Abkürzung von »SOuth of HOuston Street« (gesprochen: Hausten). Gemeint ist damit die Gegend, die im Norden von der West Houston St., im Westen von der Sullivan St., im Süden von der Canal St. und im Osten vom Broadway begrenzt wird. Unter Architekten ist sie als »cast-iron district« bekannt: Hier – v.a. in der Greene St. – findet sich die stärkste Konzentration von Häusern, die in der zweiten Hälfte des 19. Jh. aus gusseisernen Fertigteilen montiert wurden; damit begann das Zeitalter der modernen Serienbauweise.

Die meisten Häuser stehen unter Denkmalschutz. Das älteste erhaltene Exemplar ist das **Haughwout Building** aus dem Jahr 1856 (488 Broadway/Broome St.). Der darin installierte Aufzug, der erste in New York, funktioniert noch.

Im 20. Jh. ging es mit SoHo deutlich bergab: Ein Großteil der hier ansässigen Kleinbetriebe wurde stillgelegt. Als in den Siebzigerjahren die Mieten in Greenwich Village stiegen, wichen viele Künstler in das seinerzeit noch billige SoHo aus und wandelten die Lagerhallen und Speicher (»lofts«) in geräumige Atelierwohnungen um. Dann zogen Galerien und Boutiquen nach, und heute ist SoHo längst genauso teuer wie das Village.

Der **West Broadway** ist – besonders am Wochenende – eine beliebte Flanierstraße. Hier finden Sie neben schicken Boutiquen auch originelle Geschenkläden. Die meisten ehemals hier versammelten Galerien sind allerdings inzwischen nach Chelsea umgezogen. Auch die Neben- und Querstraßen sind gut für manche Überraschung. Hier kleiden sich verkappte Vamps ebenso wie die Freunde von Retro-Moden und japanischer Postmoderne ein. Ein Bummel durch SoHo und die benachbarten Viertel wird ausführlich auf S. 114 ff. beschrieben.

U-Bahn: Broadway/Prince St. (b 5)

South Street Seaport ♛♟ ▸ S. 149, E 19

Mit dem Verschwinden der Passagierdampfer und den Veränderungen in der Frachtschifffahrt hat Manhattan seine einst überragende Bedeutung als Hafenstadt nahezu völlig eingebüßt: Die großen Containerschiffe legen heute in Brooklyn, Staten Island und Port Elizabeth (New Jersey) an. Die meisten Piers verfallen.

In den 1960-Jahren entschloss sich die Stadt, zumindest den historischen Kern des alten Hafens zu retten: Der Bezirk zwischen Brooklyn Bridge und John St. wurde unter Denkmalschutz gestellt und saniert. 1983 erhielt der traditionsreiche **Fulton Market** eine neue Behausung – die vierte seit seiner Eröffnung 1822. Heute ist der South Street Seaport ein beliebtes Ausflugsziel mit Andenkenläden, Restaurants und – zwischen Fulton, Beekman, Water,

Front St. – einem Freilicht-Museumskomplex. Zwischen Pier 15 und 16 liegen historische Schiffe vor Anker, mit dem alten Schoner »Pioneer« können Sie im Sommer eine nostalgische zwei- oder dreistündige Hafenrundfahrt machen.
Tribeca • U-Bahn: Fulton St. (b 6) • www.southstreetseaport.com

Staten Island Ferry 👫

▶ S. 149, D 20

Staten Island, unter den fünf New Yorker Stadtteilen (»boroughs«) der ländlichste und am dünnsten besiedelte, braucht den Touristen eigentlich nicht weiter zu interessieren: Auch für die meisten Bewohner von Manhattan ist er Terra incognita.
Das Beste an Staten Island ist die rund um die Uhr verkehrende Fähre: Von hier aus hat man nicht nur einen schönen Blick auf die Freiheitsstatue, sondern kann mit eigenen Augen den ersten Eindruck nachvollziehen, mit dem New York den Schiffsreisenden von anno dazumal überwältigte: Viele Einwanderer brachen bei diesem Anblick in Tränen aus. Für Fotografen ein Muss. Die Fähre verlässt alle 30 Minuten die Südspitze Manhattans, in den Stoßzeiten auch öfter. Neuerdings ist die Fähre sogar kostenlos.
Tribeca • Whitehall Terminal, South St. 1 • U-Bahn: South Ferry (b 6) • www.siferry.com

Statue of Liberty (Freiheitsstatue) 🔶6 👫

▶ S. 149, südwestl. D 20

Das Wahrzeichen der Stadt, ein Geschenk der französischen Regierung, wollten die New Yorker zunächst gar nicht haben. Wenn man schon eine Statue im Hafen aufstelle, so war da-

mals zu hören, warum eine fremdländische Dame und nicht den einheimischen Uncle Sam? Erst als die erbosten Franzosen drohten, das Denkmal der Stadt Boston zu schenken, schwenkte die öffentliche Meinung um. Das Geld für den Sockel kam dennoch erst nach einer mühseligen Sammelaktion zusammen.
Am 28. Oktober 1886 weihte Präsident Cleveland die Statue ein. »Miss Liberty« ist (ohne Sockel) 46 m hoch und wiegt 225 t; die Fackel in ihrer Hand leuchtet 90 m über dem Meeresspiegel. Die Gesichtszüge modellierte der Bildhauer Frédéric-Auguste Bartholdi nach seiner Mutter; das Stahlgerüst im Innern stammt von Gustave Eiffel, dem Schöpfer des Eiffelturms.
Nicht gut, aber jedem Amerikaner vertraut, ist das Gedicht auf dem So-

ckel, mit dem Miss Liberty die »müden, armen, zusammengekauerten« Einwanderer willkommen heißt. Zu ihrem hundertjährigen Jubiläum wurde die Statue gründlich restauriert und im Juli 1986 erneut dem Publikum übergeben.
Die Anreise zur Statue ist täglich mit der Fähre vom **Battery Park** aus möglich. Nehmen Sie sich reichlich Zeit: Besonders in den Sommermonaten ist der Andrang enorm; es kann leicht zwei Stunden dauern, bis Sie bis zum Sockel vorgedrungen

sind. Mit einer Vorbestellung über das Internet lassen sich die Wartezeiten verkürzen, doch sind die Sicherheitskontrollen vor der Fähre eine langwierige Prozedur. Wem das zu viel ist, der sollte die Fähre nach Staten Island nehmen, von der aus man einen schönen Blick auf das Denkmal hat.

Liberty Island • Anfahrt: Fähre ab Battery Park • U-Bahn: South Ferry (b 6) • www.nps.gov/stli • Ticket 12 $, Kinder $5

Times Square ▶ S. 146, C 14

Das Glitzer-Dreieck nördlich der Kreuzung von Broadway, 7th Ave. und 42nd St. ist weltberühmt – aus sehr verschiedenen Gründen. Für den gewöhnlichen Homo New Yorkensis ist der Platz mit den gigantischen Leuchtreklamen eine Art Forum Americanum: Hier zieht es ihn spontan hin, wenn es etwas zu feiern gibt – einen gewonnenen Krieg oder den Beginn eines neuen Jahres.

Für den Theaterfreund ist der Times Square das Mekka seiner imaginären Welt: Am **Broadway** und in den Querstraßen zur 8th Ave. konzentrieren sich jene 40 Bühnen, die gemeint sind, wenn man vom »Broadway« spricht. Hier erblickten »Porgy and Bess«, »My Fair Lady«, »West Side Story«, »Endstation Sehnsucht« und »Tod eines Handlungsreisenden« das Rampenlicht der Welt.

Die Peepshows und Pornoshops, die sich auf der 42nd St. breit gemacht hatten, wurden in den letzten Jahren wieder vertrieben, und auch die schmuddeligen Imbissstuben und billigen Andenkenläden mussten weichen. In den letzten Jahren ist die 42nd St. wieder das geworden, was sie einmal war – eine neonglitzernde

Flaniermeile mit Läden, Theatern und Kinos für die ganze Familie. Seit 2009 ist ein Abschnitt des Broadway sogar Fußgängerzone.

Der erste Neubau war das 1986 eingeweihte »Marriott Marquis Hotel«, eine die Berührung mit der Außenwelt ängstlich meidende Betonfestung (von der Bar im 8. Stock hat man einen interessanten Blick auf den Times Square). Im TKTS-Kiosk am nördlichen Ende des Times Square werden am Tag der Vorstellung Theaterkarten zum halben Preis verkauft (tgl. 15–20 Uhr).

Midtown • U-Bahn: Times Square (a 3)

Blick von der Staten Island Ferry auf Manhattans Wolkenkratzer (▶ S. 88).

United Nations Headquarters
▶ S. 147, E 14

Am East River, zwischen 42nd und 48th St., wo bis zum Zweiten Weltkrieg Schlachthäuser und Brauereien die Szene beherrschten, erhebt sich seit 1951 die imposante Fassade des Hauptquartiers der Vereinten Nationen. Der Komplex besteht aus drei Gebäuden: Im linken tagt von September bis Dezember die Generalversammlung, dahinter im Conference Building der Sicherheitsrat; das flache Hochhaus rechts beherbergt das Sekretariat (in der vorletzten Etage sitzt der Generalsekretär). Eilt eine Weltkrise ihrem Höhepunkt entgegen, finden an der Ecke 1st Ave./47th St. oft lautstarke, medienwirksame Demonstrationen statt.

Midtown • 3 United Nations Plaza • U-Bahn: Grand Central (b 3) • www. un.org •Führungen Mo–Fr 9.15 – 16.45 Uhr (alle 15 Minuten, zeitweise auch in Deutsch, Dauer: 1 Stunde, Kosten: 12 $) • Besuchereingang an der Nordseite gegenüber der 46th St.

Wall Street 🔟
▶ Spaziergänge, S. 112

Washington Square 7️⃣
▶ S. 148/149, C/D 17

Einer der malerischsten New Yorker Plätze, zugleich vortrefflich geeignet zum »people watching«: vor allem am Wochenende. Der marmorne Triumphbogen von 1892 erinnert an den einhundertsten Jahrestag der Präsidentschaft von George Washington.

Die ältesten Häuser – aus den Dreißigerjahren des 19. Jh. – stehen auf der Nordseite. Dahinter die Washington Mews – frühere Stallungen und Dienstbotenquartiere, heute eine entzückende Privatstraße mit Atelierwohnungen und Kulturinstituten. Die Gebäude an der Süd- und Ostseite des Washington Square gehören zur New York University, der größten amerikanischen Privatuni-

versität (40 000 Studenten, 5000 Professoren – eine Proportion, von der deutsche Universitäten nur träumen können).

Greenwich Village

Wolkenkratzer

Den besten Blick auf Downtown hat man von den Brooklyn Heights und der Staten Island Ferry. Der höchste Wolkenkratzer, das **Empire State Building**, wird gesondert vorgestellt (▶ S. 73), ebenso der älteste: das **Woolworth Building** (▶ S. 88).

Als elegantester Wolkenkratzer gilt der zweithöchste, das 1930 fertig gestellte **Chrysler Building** (320 m, zwischen Lexington und 3rd Ave., 42nd und 43rd St.).

Unter den neueren sind das **Citycorp Center** mit seinem abgeschrägten Dach (1977, zwischen Lexington und 3rd Ave., 53rd und 54th St.) und das an eine Chippendale-Kommode erinnernde AT&T Building (1982, Madison Ave., zwischen 55th und 56th St.) bemerkenswert. Das **AT&T Building**, heute Hauptquartier des japanischen Sony-Konzerns, gilt als einer der Marksteine der »Postmoderne«. Der wichtigste Vorläufer der Wolkenkratzer war das 1902 errichtete, 87 m hohe **Flatiron Building** (Fifth Avenue, 23rd St.). Es bewies, dass die Stahlbauweise auch Hochhäuser ermöglichte. Den Spitznamen verdankt es der durch die Kreuzung von Broadway und Fifth Avenue erzwungenen Dreiecksform, die die New Yorker an ein Bügeleisen erinnerte.

Woolworth Building ▶ S. 149, D 19

Die erste Bauordnung Amerikas, die Zoning Resolution von 1916, schrieb vor, dass die Bauflucht von Wolkenkratzern ab einer gewissen, in jedem Einzelfall zu berechnenden Höhe zurückzuspringen habe. Sie sollte verhindern, dass sich New York in ein Netz von lichtlosen Straßenschluchten verwandelt. Diesem Gesetz verdankt New York seine »Hochzeitstorten«, die sich terrassenförmig nach oben verjüngenden Wolkenkratzer, die das Stadtbild bis heute prägen. Das Woolworth Building war noch vor Erlass des Gesetzes fertig geworden.

Mit seinen 240 Metern war es von 1913 bis 1930, als es vom Chrysler Building entthront wurde, das höchste Bauwerk Amerikas. Die Baukosten (13,5 Mio. $) zahlte Frank Woolworth, der Erfinder des »five-and-ten store«, bar – wie er es auch von seinen Kunden verlangte. Zur feierlichen Eröffnung hatte er keinen Geringeren als Präsident Wilson gewonnen, der von Washington aus durch ein telegrafisches Signal sämtliche Glühbirnen des Hauses aufleuchten ließ. Der Geistliche, der die Festrede hielt, war von dem Prunk so überwältigt, dass er das Gebäude »die Kathedrale des Einzelhandels« nannte.

Der Vergleich kam nicht von ungefähr. Die Wasserspeier zitieren Notre Dame, die Mosaikdecken in der üppigen Lobby die byzantinischen Kirchen von Ravenna. In der Lobby finden wir auch den Bauherrn und den Architekten als Reliefs verewigt – Woolworth mit einem Nickel (5 cents) in der Hand, Cass Gilbert, wie er ein Modell des Hauses durch den Kneifer beäugt. Seit dem Niedergang des Konzerns gehört der Wolkenkratzer der Immobiliengruppe Witkoff.

Tribeca • 233 Broadway (zwischen Park Place und Barclay St.) • U-Bahn: City Hall (b 6)

Das beeindruckende Woolworth Building (▶ S. 88) erinnert an eine gotische Kathedrale. Bei seiner Einweihung 1913 galt es als achtes Weltwunder.

Museen und Galerien Mehr als
80 Museen, großartige Kunstsammlungen und ein begeis-
terungsfähiges Publikum. Die Galerieszene in Chelsea und
auf der Upper East Side ist ein Magnet für Kenner.

◄ An der Architektur des Guggenheim Museum (► S. 89) scheiden sich seit seiner Errichtung 1959 die Geister.

Die großen amerikanischen Sammler haben hier Kunstschätze zusammengetragen, die sich hinter denen in London und Paris nicht zu verstecken brauchen. Die erste Adresse am Ort ist das **Metropolitan Museum of Art;** um zumindest einen allgemeinen Überblick über seine Schätze zu erhalten, sollte man einen halben Tag einplanen. Das **Museum of Modern Art (MoMA)** ist aufgrund seiner umfassenden Sammlung zur Kunst des 20. Jh. einzigartig in der ganzen Welt.

Das schönste Museum der Stadt ist die **Frick Collection** – hier fühlt sich der Besucher wie der Gast eines kultivierten Schlossherrn. Am populärsten ist das **American Museum of Natural History.** Wer sich für Volkskunst interessiert, sollte sich das **Museum of the American Indian** nicht entgehen lassen. Die Eintrittspreise sind pro forma dem Gutdünken des Besuchers überlassen, aber es wird erwartet, dass er sie zahlt. Die meisten Museen sind montags geschlossen.

MUSEEN

American Museum of Natural History 🎎   ► S. 144, B/C 11

Mit 35 Mio. Objekten beherbergt dieser festungsähnliche Bau eine der größten zoologischen, botanischen und mineralogischen Sammlungen der Welt. Angefangen mit den Dinosauriern wird dem Besucher die – ausgestopfte – Tierwelt, die unseren Planeten bevölkert hat und noch bevölkert, in ihrer natürlichen Umwelt vorgestellt.

Die Dinosaurier, die fast den gesamten 3. Stock (4th floor) bevölkern, sind die unangefochtenen Stars des Museums. Ihre Popularität ist wohlverdient: Die 120 ausgestellten Exemplare bilden den größten Dinosaurier-Zoo auf dem Globus – wenn man das von Fossilien sagen kann. Die Kollektion ist pädagogisch glänzend aufbereitet: Einige der Fossilien darf man anfassen; auf Monitoren kann man verfolgen, wie sie gelebt haben; und über das 16 m lange Rückgrat eines Brachiosauriers kann man auf einer transparenten Brücke sogar spazieren. Ein Fest für die lieben Kleinen!

Vielleicht am eindrucksvollsten sind die Hall of Ocean Life und der Saal der afrikanischen Säugetiere. Die Hall of Mexico and Central America enthält eine hervorragende Sammlung präkolumbianischer Artefakte. In der Mineraliensammlung können Sie den »Star of India«, den größten Saphir der Welt, bewundern (563 Karat). Die neueste Attraktion ist das Rose Center for Earth and Space mit einem Planetarium und einer sensationellen halbstündigen Show, die die Frage stellt: »Sind wir allein im Weltall?«.

Upper West Side • Central Park West (zwischen 78th und 79th St.) • U-Bahn: Broadway/79th St. (a 2) • tgl. 10–17.45 Uhr, Fr, Sa bis 20.45 Uhr • Eintritt 16 $ (mit Space Show 32 $), Kinder 9 $ (20$)

American Museum of the Moving Image   ► S. 150, nördl. A/B 21

Die Astoria Studios im griechischen Viertel von Queens spielten in der Geschichte des Films eine bedeutende Rolle. Hier drehten Gloria Swanson, Rudolph Valentino und die

Marx Brothers ihre größten Erfolge. Die Depression der 1930er-Jahre zwang Paramount, das New Yorker Standbein abzustoßen und seine Kräfte in Kalifornien zu konzentrieren. Die Astoria Studios wurden für Wochenschauen und Probeaufnahmen, während des Zweiten Weltkriegs auch für Propagandafilme genutzt. In den Achtzigerjahren erwachte das halb vergessene Gelände zu neuem Leben. Seitdem drehen hier unabhängige Filmemacher, nicht zuletzt Woody Allen. Das Studio ist nur mit Führung zugänglich (Sa, So um 14 Uhr). Das Filmmuseum, das 1988 in einem der Ateliergebäude eröffnet wurde, kann auch ungeführt besichtigt werden. Die Perlen der Sammlung, die mehr als 60 000 Stücke umfasst, sind im 1. Stock (2nd floor) ausgestellt. Der Rest wird in lehrreichen, nach Themen organisierten Wechselausstellungen präsentiert. Anders als die Universal Studios in Hollywood, die Disneyland übertrumpfen wollen, versteht sich das Filmmuseum nicht als Vergnügungspark: Der Besucher soll verstehen, wie die Traumfabrik wirklich funktioniert.

Wegen Umbauarbeiten (bis 2010) ist derzeit nur die Dauerausstellung geöffnet.
Queens • 35th Ave./36th St., Astoria • U-Bahn: Steinway St. (d 2)• www.movingimage.us • Di–Fr 10– 15 Uhr, • Eintritt: 7 $, Kinder frei

Audubon Terrace   ▶ S. 142, A 5

Die »Akropolis von Harlem« hat man dieses herrschaftliche Ensemble genannt, das von seiner trostlosen Umgebung so überraschend absticht. Nirgendwo ist deutlicher zu erkennen, dass die Entwicklung Harlems einen anderen Verlauf nahm, als die Investoren – in diesem Fall der künstlerisch ambitionierte Sohn des Eisenbahnmagnaten Collis P. Huntington – vermuteten. Die Isolation hatte zur Folge, dass das Publikum die vier Museen, die sich hier ansiedelten, mied. Drei, die American Geographical Society, das Museum of the American Indian und die American Numismatic Society, sind inzwischen geflohen. Aber das verbleibende lohnt durchaus einen Besuch: Das **Museum of the Hispanic Society of America** überrascht vor allem durch sein Interieur, einen zweigeschossigen Hof im Stil der spanischen Renaissance. Die Sammlung umfasst Gemälde von Velázquez, Goya und anderen spanischen Malern, Silberarbeiten, Keramiken und Textilien. Nebenan ist der Sitz der American Academy of Arts and Letters, des amerikanischen Pendants zur Académie française, zu deren Jahrestagungen die künstlerische und intellektuelle Prominenz des Landes aufmarschiert.
Harlem • Broadway/155th St. • U-Bahn: Broadway/157th St. (nördl. a 1) • Museum of the Hispanic Society of America: www.hispanicsociety.org • Di–Sa 10–16.30, So 13–16 Uhr • Eintritt frei

Brooklyn Museum   ▶ S. 151, E 24

Dieser majestätische Bau stammt aus einer Zeit, als Brooklyn noch eine selbstständige Stadt war. Nach den Plänen des Architektentrios McKim, Meade & White sollte er das größte Museum der Welt werden. Doch ein Jahr nach der Eröffnung (1897) wurde Brooklyn Teil von Greater New York. Ganze vier Fünftel der Pläne blieben unausgeführt.

Teile verschiedener europäischer Klöster und Kapellen wurden zu den einzigarti-
gen Cloisters (▶ S. 93) vereint, darunter die romanische Fuentiduena Chapel.

Das Museum leidet unter der Konkurrenz Manhattans, spärlichem Besuch und unzureichender Finanzie-
rung. Daher versucht es, sein Handi-
cap durch kontroverse Wechselausstellungen wettzumachen. Eine –
»Sensation« (1999) – war so gottes-
lästerlich, dass der gutkatholische
Bürgermeister Giuliani nur durch
ein Gerichtsurteil daran gehindert
wurde, dem Museum die Zuschüsse
zu streichen.

Abgesehen von diesen vorüberge-
henden Sensationen hat das Museum dem Kunstfreund eine Menge zu
bieten. Berühmt ist vor allem die
ägyptische Sammlung. Auch wer bereit ist, die in Europa nahezu unbekannte amerikanische Malerei des
19. und frühen 20. Jh. zu entdecken,
lernt viel dazu. Wer gerade eine
Wohnung einrichtet, wird in den 28
Räumen, die die amerikanischen Sti-
le von 1675 bis 1928 dokumentieren,

manche Anregung finden. Gleich ne-
ben dem Museum befindet sich der
Botanische Garten mit einer hüb-
schen japanischen Anlage.
Brooklyn • 200 Eastern Parkway •
U-Bahn: Brooklyn Museum/Eastern
Parkway (e 6) • www.brooklynmuseum.
org • Mi–Fr 10–17, Sa, So 11–18 Uhr •
Eintritt 10 $, Kinder frei

Cloisters   ▶ S. 140, A 2

Ein architektonisches Unikum: Die
Kreuzgänge von fünf südfranzösi-
schen Klöstern wurden über den Atlantik verschifft und am nördlichen
Ende von Manhattan mit Teilen anderer französischer und spanischer
Kirchen zu einem einzigen Gebäude
verschmolzen, das verblüffend ein-
heitlich wirkt und zugleich etwas
Surrealistisches hat.

Die Cloisters gehören zum **Metropolitan Museum of Art**, das einen
Teil seiner großartigen Schätze aus

MERIAN-Tipp **9**

MIT DEM BUS INS MITTELALTER
▸ S. 140, A 2

Fahren Sie nicht mit der U-Bahn zu den Cloisters, sondern machen Sie mit dem Viererbus, der die Madison Avenue hinauffährt, eine Reise zu seiner nördlichen Endstation, dem Fort Tryon Park. Binnen einer Stunde ziehen das weiße, das schwarze, das hispanische und das deutsch-jüdische New York an Ihnen vorüber, und wenn Sie angekommen sind, finden Sie sich nicht in Harlem oder in Washington Heights, sondern in der mittelalterlichen Welt der französischen Klöster.

dem Mittelalter hier ausstellt. Höhepunkte sind die Einhorn-Tapisserien aus dem späten 15. Jh. und eine »Verkündigung« von Robert Campin (der Raum, in dem sich die **Campin Annunciation** befindet, ist häufig geschlossen, wird aber auf Nachfrage geöffnet). Wer sich etwas Zeit nimmt, kann mit dem Bus (Linie 4, Einstieg Madison Avenue) fahren und dabei aus sicherer Distanz einen Blick auf Harlem werfen.

Fort Tryon Park, Eingang Margaret Corbin Drive • U-Bahn: Dyckman St. (nördl. a 1)• www.metmuseum.org/cloisters • Di–So 9.30–17.15 Uhr • Eintritt 20 $, Kinder frei

Cooper Hewitt National Design Museum ▸ S. 145, D 10

In diesem Stadtpalais wohnte der Stahlmagnat und Philantrop Andrew Carnegie, dem New York auch die Carnegie Hall verdankt. Heute gehört es der Smithsonian Institution in Washington, dem Forschungs- und Museumskonzern, der unter vielem anderen die weltweit größte Sammlung von Kunstgewerbe und Erzeugnissen des Industriedesigns besitzt.

In der Carnegie-Villa wird sie in Wechselausstellungen gezeigt, oft mit einem »politisch korrekten« Zungenschlag: Zu Staubsaugern und Telefonen erhebt sich gern ein mahnender Zeigefinger, der den Betrachter daran erinnert, dass es sich um Folterinstrumente handelt, mit denen Frauen versklavt wurden. Auch die Entwicklung der Disney-Themenparks wurde kritisch unter die Lupe genommen.

Upper East Side • 2 East 91st St./5th Ave. • U-Bahn: Lexington Ave./86th St. (b 2) • www.cooperhewitt.org • Mo–Fr 10–17, Sa 10–18, So 12–18 Uhr • Eintritt 15 $, Kinder frei

Ellis Island Museum of Immigration
▸ S. 148, südwestl. C 20

Auf der Insel, auf der zwischen 1892 und 1954 17 Mio. Einwanderer zum ersten Mal amerikanischen Boden betraten, wurde im Herbst 1990 ein Museum eröffnet. Herzstück ist der riesige, von einem Gurtgewölbe überdachte »registry room«, in dem die erschöpften Ankömmlinge auf Herz und Nieren überprüft wurden. In den Nebengelassen finden wir Pässe, Fotos, Gepäckstücke und Mitbringsel aus den Herkunftsländern. Außen erhebt sich die »Wall of Honor«: Die alte Strandmauer wurde mit Kupfertafeln bedeckt, auf der jeder Amerikaner für 100 $ einen Vorfahren eintragen lassen kann, der über Ellis Island ins Land kam.

Ellis Island • www.nps.gov/elis •
Anfahrt: Fähre ab Battery Park •
U-Bahn: South Ferry (b 6) • www.state
cruises.com • tgl. 8.30–16.30 Uhr (oft
lange Wartezeiten, nach 14 Uhr wird
man evtl. abgewiesen) • Ticket 12 $,
Kinder 5 $

Fire Museum 🧒👨 ▶ S. 148, C 18

In einem echten, alten Feuerwehr-
haus wird die Geschichte der Brand-
bekämpfung vom 18. Jahrhundert
bis zur Gegenwart anhand von historischen Löschwagen, Hydranten und
anderen Memorabilien anschaulich
gemacht. Der 11. September 2001
gab dem Ruf der New Yorker Feuer-
wehrmänner mächtigen Auftrieb:
343 verloren in den Trümmern des
World Trade Center ihr Leben. Im
Museum werden die Nationalhelden
ausgiebig gefeiert.

SoHo • 278 Spring St. (zwischen Varick
und Hudson St.) • U-Bahn: Spring St.
(b 5) • www.nycfiremuseum.org • Di–
Sa 10–17, So 10–16 Uhr • Eintritt 4 $,
Kinder 1 $

Frick Collection 🔴8 ▶ S. 145, D 12

Die vornehmste unter den New Yor-
ker Kunstsammlungen. Wer die alten
Meister liebt, sich jedoch von den
Reichtümern des Metropolitan Mu-
seum erdrückt fühlt, wird die Frick
Collection mit ihrem privaten Ambiente, ihren Pflanzen und Springbrunnen als wahre Oase empfinden.
Die Frick Collection ist nicht nur ein
leicht überschaubares Haus, das sich
in anderthalb Stunden bequem
durchwandern lässt; sie ist etwas viel
Selteneres: ein Museum ohne
Schwachpunkte.
Dabei war der Sammler, Henry Clay
Frick, alles andere als ein zarter
Schöngeist: Als Teilhaber von Andrew Carnegie ließ er im Jahr 1892
den Streik der Stahlarbeiter in
Homestead (Pennsylvania) durch
300 Detektive der Pinkerton-Agen-
tur blutig niederschlagen; sieben
Streikende wurden erschossen. Um
die Opfer zu rächen, beschlossen die
22-jährige Anarchistin Emma Gold-
mann und ihr noch jüngerer Gelieb-
ter »Sasha« Berkman, Frick zu er-
morden. Das Geld für die Mordwaf-
fe, die Reise und einen anständigen
Anzug brachte Emma auf, indem sie
sich – nach dem Vorbild von Sonja,
der heiligen Nutte in Dostojewskis
Roman »Schuld und Sühne« – pros-
tituierte. Tatsächlich gelang es Berkman, zu dem verhassten Kapitalisten
vorgelassen zu werden und mehrere
Schüsse auf ihn abzugeben. Doch
Frick überlebte das Attentat.
Von den 40 Bildern, die wir von
Vermeer kennen, hängen allein drei
hier. Ein ganzer von Fragonard aus-
gemalter Raum stammt aus dem
Schloss Louveciennes der Madame
Dubarry. Weitere Meisterwerke von
Duccio (»Versuchung Christi«), Bel-
lini (»Verzückung des hl. Franz«),
van Eyck (»Maria mit Kind«), Goya
(»Die Schmiede«), Chardin (»Die
Vogelorgel«), Gainsborough; Por-
träts von Holbein, Tizian, Rem-
brandt, van Dyck, Velázquez, Ingres;
Landschaften von Hobbema, Ruis-
dael, Corot. Das beliebteste Bild der
Sammlung – Rembrandts »Polni-
scher Reiter« – stammt wahrscheinlich nicht von des Meisters Hand.
Außerdem schöne Möbel, Porzellan
und Emaillearbeiten.

Upper East Side • 1 East 70th St./
Ecke 5th Ave. • U-Bahn: Hunter College (b 3) • www.frick.org • Di–Sa
10–18, So 11–17 Uhr • Eintritt 18 $,
keine Kinder unter 10 J.

Guggenheim Museum
▶ S. 145, D 10

Unter den New Yorker Museen ist dieses der Kunst des 20. Jh. gewidmete Haus das architektonisch auffallendste. Bei seiner Eröffnung im Jahr 1959 erregte Frank Lloyd Wrights trichterförmiger Bau Gelächter und Proteste: Die einen fühlten sich an einen Brummkreisel, die anderen an eine Kaffeemühle erinnert; wieder andere behaupteten, die abschüssige, spiralförmige Rampe mache sie seekrank.

In einem Punkt hatten die Kritiker recht: Das Museum erwies sich sehr rasch als zu klein – mit dem Ergebnis, dass die große Rotunde fast ausschließlich für Wechselausstellungen genutzt wurde, während von der eigenen Sammlung – 6000 Werke, darunter 70 Klees und die größte Kandinsky-Kollektion der Welt – nur ein Bruchteil in den Seitenflügeln gezeigt werden konnte.

Nach endlosen Streitigkeiten und vielen Verzögerungen wurde im Juni 1992 ein Anbau in Betrieb genommen, in den die Administration des Museums einzog: Der kleinere der beiden Rundbauten dient jetzt auch als Ausstellungsfläche.

Thomas Krens, von 1988 bis 2008 Direktor des Hauses, hat sich mit seinen unorthodoxen Ausstellungen, die auch Mode und Motorräder als Kunst präsentieren, nicht nur Freunde gemacht. Auch seine originelle Idee, die im Depot schlummernden Dornröschen in Zweigstellen des Museums zum Leben zu erwecken, fand keinen ungeteilten Beifall: Während das Guggenheim-Bilbao dank seiner sensationellen Architektur (Frank Gehry) zum Publikumsmagneten wurde, galt die Zweigstelle in einem Spielkasino von Las Vegas als geschmackloser Missgriff; sie wurde 2008 geschlossen. Für seinen Plan, am East River ein zweites, größeres New Yorker Museum zu errichten, fand Krens keinen Geldgeber.

Upper East Side • 1071 5th Ave./Ecke 88th St. • U-Bahn: Lexington Ave./ 86th St. (b 2)• www.guggenheim.org • Sa–Mi 10–18, Fr 10–20 Uhr, Do geschl. • Eintritt 18 $, Kinder frei

Jewish Museum
▶ S. 145, D 10

Eine der großen Sammlungen von Judaica: Kultgeräte, Thorarollen, Haushaltsgegenstände, Urkunden, Gemälde. Daneben veranstaltet das Museum Sonderausstellungen, etwa über jüdische Künstler oder die ästhetische Bewältigung des Holocaust. Das Gebäude im Stil der französischen Frührenaissance, war ursprünglich das Stadtpalais des 1894 aus Hamburg eingewanderten Bankiers Felix Warburg. 1983 wurde es im gleichen Stil erweitert – ein schöner Beleg dafür, dass der Historismus amerikanischen Architekten weit weniger Bauchschmerzen bereitet als deutschen.

Upper East Side • 1109 5th Ave./ 92nd St. • U-Bahn: Lexington Ave./ 96th St. (b 2) • www.jewishmuseum. org • Sa–Di, Do 11–17.45, Fr 11–16 Uhr • Eintritt: 12 $, Kinder frei

Lower East Side Tenement Museum
▶ S. 149, E 17

Nach dem Museum of Immigration sollte man dieses Museum besuchen, um herauszufinden, was aus den jüdischen Einwanderern wurde, nachdem sie die erste Hürde genommen hatten. Hier sind die schrecklichen Wohnverhältnisse in den »tenements« (Mietskasernen) zu besichti-

gen, in denen die meisten von ihnen leben mussten. Wegen der charakteristischen Hantel-Form der Stockwerke sprach man auch von »dumbbell tenements«. Auf jeder Etage gab es vier Wohnungen mit drei oder vier schmalen Zimmern, von denen nur eins ein Fenster zur Straße hatte. Die anderen gingen auf einen Müllschacht, durch den weniger Licht als üble Gerüche heraufströmten. Toiletten und fließendes Wasser befanden sich – wie in den alten Berliner Proletariervierteln – »auf halber Treppe«. Dass sich zehn Menschen einen Raum teilten, war nicht ungewöhnlich. Einige Familien nahmen sogar noch Untermieter auf. Das Museum kann nur mit Führung (1 Stunde) besichtigt werden; Tickets sind im Visitors Center (108 Orchard St.) erhältlich.
SoHo • 97 Orchard St. • U-Bahn: Delancey St. (c 5) • www.tenement. org • tgl. 11–18 Uhr • Eintritt 20 $, Kinder frei

Metropolitan Museum of Art
▶ S. 144/145, C/D 11

Ein Ass unter den New Yorker Kunstsammlungen und eines der großen Museen der Welt mit vielfältiger Thematik: Wer nur die Gemälde besichtigt, dem entgehen die **Antikensammlung**, die **Sammlung ägyptischer** und **ostasiatischer Kunst**, das **Kunsthandwerk**, die **Musikinstrumente** und die **amerikanischen Flügel** – um nur die wichtigsten Abteilungen zu nennen.
Nur ein Viertel der riesigen Kollektion kann ausgestellt werden – was dazu geführt hat, dass das Museum in den vergangenen Jahren immer wieder anbaute, zuletzt (1994) einen neuen Flügel für die Kunst Indiens

und Hinterindiens. Nur in der Kunst des 20. Jh. ist das Museum etwas schwach auf der Brust. Dafür sind die älteren Sammlungen umso überwältigender. Einen halben Tag sollte man unbedingt für die Besichtigung vorsehen.
Wir nennen im Folgenden einige der Höhepunkte aus der Gemälde-

Das Jewish Museum (▶ S. 96) ist für anspruchsvolle Ausstellungen bekannt.

sammlung, die Sie keinesfalls übersehen sollten: van Eyck »Kreuzigung« und »Jüngstes Gericht«; van der Weyden »Christus erscheint seiner Mutter«; Gérard David »Ruhe auf der Flucht«; Tizian »Venus und der Lautenspieler«; El Greco »Toledo«; Bruegel »Ernte«; Rembrandt »Aristoteles mit der Büste Homers«; Rubens »Venus und Adonis«; Vermeer »Junge Frau mit Wasserkrug«; Velázquez »Juan de Pareja«; Goya »Majas auf dem Balkon«; Watteau

Das Museum of Modern Art (▶ S. 99) , vor fünf Jahren wieder nach Manhattan gezogen, ist für Kunstbegeisterte das Nonplusultra.

»Mezzetin«; Jacques Louis David »Tod des Sokrates«; Daumier »Waggon dritter Klasse«; Monet »Terrasse in Sainte Adresse«; Renoir »Madame Charpentier und ihre Kinder«; Gauguin »La Orana Maria«.

Weitere Gemälde finden Sie im Robert Lehman Wing, der 1975 eröffnet wurde. Das Ungewöhnliche an diesem Flügel ist, dass er einer Wohnung gleicht: Das Museum hatte sich verpflichten müssen, mit den Bildern auch die Möbel von Mr. Lehman, dem Chef der Investmentbank Lehman Brothers, zu übernehmen und sie genau so aufzustellen, wie es der edle Schenker getan hatte.

Wer nicht nur europäische Kunst, sondern auch die in Europa kaum bekannte ältere amerikanische Kunst kennenlernen will, wird im dreigeschossigen American Wing lohnende Entdeckungen machen. Den Eingang zu den amerikanischen Galerien bildet ein schöner Innenhof (Charles Engelhard Court) mit der Fassade einer 1915 abgerissenen Wall-Street-Bank. Besondere Aufmerksamkeit verdienen die Landschaftsmaler der romantischen Hudson River School (Frederic Church, Albert Bierstadt), die Seestücke von Winslow Homer, die Impressionisten Childe Hassam und William Merritt Chase und der virtuose, in Europa arbeitende Porträtist John Singer Sargent, dessen »Madame X« so viel unliebsames Aufsehen erregte, dass es der Maler vorzog, Paris zu verlassen und nach London umzuziehen. Von Frank Lloyd Wright, dem Architekten des Guggenheim Museums, der auch Möbeldesigner war, ist ein vollständig eingerichtetes Wohnzimmer aus seiner frühen »Prärie-Periode« zu besichtigen. Eines der beliebtesten Ziele ist der **Tempel von Dendur** – ein Geschenk der ägyptischen Regierung als Dank für die amerikanische Hilfe beim Bau des Assuan-Damms. Der Tempel kann auch für Tanz- und Dinner-Partys gemietet werden: Im September 1988 wurde hier die Übernahme des Warenhauses Bloomingdale's durch einen kanadischen Grundstücksmagnaten gefeiert. Der Kauf ruinierte ihn. Berühmt ist das Metropolitan Museum nicht zuletzt durch seine groß angelegten Sonderausstellungen: Der Wettkampf mit der National Gallery in Washington um die höheren Besucherzahlen wird von den New Yorkern mit sportlichem Interesse verfolgt. Aussichtsterrasse mit schönem Blick über den Central Park.

Upper East Side • 1000 5th Ave./ 82nd St. • U-Bahn: Lexington Ave./ 86th St. (b 2) • www.metmuseum. org • So, Di–Do 9.30–17.30, Fr, Sa 9.30–21 Uhr • Eintritt 20 $, Kinder frei

Morgan Library   ▶ S. 147, D 14

Der Bankier J. Pierpont Morgan (1837–1913) ließ sich 1905 diesen Stadtpalast im Neorenaissancestil errichten. Sein Büro könnte – mit Bildern von Memling und Cranach, schönen Email- und Metallarbeiten – auch der Empfangsraum eines römischen Kardinals sein. Morgan sammelte vorzugsweise Bücher und Manuskripte; sie werden in wechselnden Ausstellungen gezeigt.

Vor allem Musikfreunde kommen auf ihre Kosten: Die Morgan Library besitzt einen der größten Autografen-Schätze der Welt (u.a. Mozarts Haffner-Sinfonie, Beethovens Geister-Trio, Schuberts »Die Winterreise«, die 1. Sinfonie von Brahms, Schönbergs »Gurrelieder«). Daneben verfügt sie über ein Exemplar der Gutenberg-Bibel, das ständig ausgestellt wird.

Die historisierende Sandsteinvilla wurde 2006 durch einen luftigen Anbau aus Glas und Stahl ergänzt (Architekt: Renzo Piano).

Murray Hill • 225 Madison Ave./36th St.• U-Bahn: Park Ave./33rd St. (b 4) • www.themorgan.org • Di–Do 10.30– 17, Fr bis 21, Sa 10–18, So 11–18 Uhr • Eintritt 12 $, Kinder frei

Museum of Modern Art (MoMA) **9**   ▶ S. 146/147, C/D 13

Oft kopiert, nie erreicht: Das 1929 gegründete Museum of Modern Art ist die wichtigste Sammlung der Kunst des 20. Jh. in der Welt. Nach jahrelangem Umbau, der die Ausstellungsfläche verdoppelte, der Auslagerung der Bestände nach Queens und dem sensationellen Ausflug nach Berlin (wo 1,2 Mio. Kunstfreunde stundenlang Schlange standen, um die Schätze zu bestaunen) kehrte die Sammlung 2004 an ihren Ursprungsort zurück.

Angefangen mit dem Spätwerk Monets (»Seerosen«) und den Post-Impressionisten (van Goghs »Sternennacht«) ist jede Kunstrichtung bis in die Gegenwart durch Hauptwerke vertreten – auch die im Ausland meist vernachlässigten Deutschen (Klees »Zwitschermaschine«, Beckmanns »Abfahrt«, Schlemmers »Bauhaustreppe«). Besonders reiche Picasso-Sammlung: Hier hängt eines der Schlüsselwerke des 20. Jh., »Les Demoiselles d'Avignon«; »Guernica« wurde, wie es Picasso verfügt hatte, nach Spanien zurückgegeben. Durch Meisterwerke vertreten sind auch Paul Cézanne (»Montagne Sainte-Victoire«), Henri Matisse

(»Das rote Atelier«), Pierre Bonnard (»Frühstückszimmer«), Fernand Léger (»La Grande Julie«), Juan Gris (»Das Schachbrett«), Amedeo Modigliani (»Liegender Akt«), nicht zu vergessen der köstlich naive Zollbeamte Henri Rousseau (»Schlafende Zigeunerin«) und der mit Surrealismus und Abstraktion kokettierende Joan Mirò. Auch von den übrigen Großmeistern der Abstraktion – Wassily Kandinsky, Kasimir Malewitsch, Piet Mondrian – fehlt keiner. Nach dem Zweiten Weltkrieg wurde Paris entthront, und New York stieg zur Kulturhauptstadt der Welt auf. Dieser von den Franzosen bis heute nicht verschmerzte Machtwechsel lässt sich nirgendwo so gut verfolgen wie im MoMA. Die Bilderstürmer – Jackson Pollock, Willem de Kooning und die anderen abstrakten Expressionisten – sind ebenso zur Stelle wie die ihnen nachfolgende Pop-Generation (Andy Warhol, Jasper Johns, Robert Rauschenberg).

Doch das Bild, das die Amerikaner am stärksten fasziniert, stammt von einem Maler, der von der Moderne nichts wissen will, sondern den alten Meistern nacheifert: »Christina's World« (1948) von Andrew Wyeth ist das populärste Bild des Museums, gewissermaßen die Mona Lisa der Neuen Welt.

Darüber hinaus besitzt das MoMA die größte Foto- und Filmkollektion Amerikas. Die Fotos werden in Wechselausstellungen gezeigt, die Filme in den beiden Kinos des Museums. Beliebter Treffpunkt ist der Skulpturengarten.

Midtown • 11 West 53rd St. (zwischen 5th und 6th Ave.) • U-Bahn: 5th Ave./53rd St. (b 3) • www. moma.org • Sa–Mo, Mi, Do 10.30– 17.30, Fr 10.30–20 Uhr • Eintritt 20 $, Fr ab 16 Uhr frei, Kinder frei

National Museum of the American Indian　▸ S. 149, D 20

Die weltweit größte Sammlung, die die Geschichte der amerikanischen Ureinwohner zum Gegenstand hat, führte lange Zeit das Dasein eines Mauerblümchens. Der Grund: Die prekäre Lage am Rande Harlems hielt Einheimische und Touristen von einem Besuch ab. Die Übernahme durch die Smithsonian Institution und der Umzug in das opulente Custom House an der Südspitze Manhattans hat die Lage radikal geändert. Jetzt lässt sich die Besichtigung der Sammlung – ein anderer Teil ist nach Washington gegangen – bequem mit einem Bummel durch den Finanzdistrikt verbinden. Ausgestellt sind Hausgeräte, Waffen, Kleidungsstücke, Schmuck, Masken, Totempfähle und vieles mehr. Sehenswert sind auch die Fresken in der Rotunde von Reginald Marsh. Wer ein scharfes Auge hat, erkennt auf einem Fresko die Ankunft Greta Garbos im New Yorker Hafen. Die Vertreibung und Ausrottung der Indianer durch die Weißen wird allerdings stillschweigend übergangen.

Tribeca • 1 Bowling Green • U-Bahn: Bowling Green (b 6) • www.nmai.si. edu • tgl. 10–17 Uhr • Eintritt frei

Museum of the City of New York
▸ S. 145, D 9

Am oberen Ende der Museumsmeile an der Fifth Avenue gelegen, wird im Museum of the City of New York die Geschichte der Stadt – von der Entdeckung der Insel Manhattan durch Giovanni da Verrazano (1524) bis zur Gegenwart – anhand von

Karten, Modellen, Dioramen, Drucken, Möbeln und Gebrauchsobjekten veranschaulicht. Interessant auch die Sammlung von Puppenhäusern und das Schlafzimmer von John D. Rockefeller. Eine neue Abteilung ist terroristischen Anschlägen gewidmet.

Upper East Side • 1220 5th Ave./3rd St. • U-Bahn: Lexington Ave./103rd St. (b 1/2) • www.mcny.org • Di–So 10–17 Uhr • Eintritt 10 $, Kinder frei

Museum of Sex   ▶ S. 147, D 15

Das 2002 eröffnete Museum verfolgt das Ziel, die Geschichte des Geschlechtsverkehrs darzustellen – vor und nach der sexuellen Revolution. Wechselausstellungen nehmen sich den Sadomasochismus, den Pornofilm und andere einschlägige Themen vor. Im Mittelpunkt steht natürlich Amerika, aber auch der erotischen Besessenheit der Chinesen hat das Museum in seinem kurzen Leben schon eine Schau gewidmet. Die ständige Sammlung enthält erotisches Spielzeug, künstliche Sexpartner (»Real Doll«), Reizwäsche und andere Dekorationen, die die Privatvorstellungen noch spannender machen sollen. Auch ein Andenkenladen mit Büchern und Lusthilfen fehlt nicht. Kein Zutritt für Jugendliche unter 18 Jahren.

Chelsea • 233 5th Ave./27th St. • U-Bahn: 28th St. (b 4) • www.museumofsex.com • So–Fr 11–18.30, Sa 11–20 Uhr • Eintritt 15 $

New-York Historical Society
▶ S. 144, C 11

In den letzten Jahren sah es ein paarmal so aus, als werde das älteste Museum New Yorks – damals, 1804, noch mit Bindestrich geschrieben –

seine Pforten schließen müssen. (Wie in Amerika üblich, ist es eine private Institution.) Doch das Haus scheint den Sturm abgewettert zu haben. Es ist vor allem Neugierigen zu empfehlen, die die Hudson River School, die erste amerikanische Malerschule, kennenlernen wollen. Das Prunkstück (im obersten Ge-

Was Sie schon immer über Sex wissen wollten: das Museum of Sex (▶ S. 101).

schoss) ist der Zyklus »The Course of the Empire« von Thomas Cole. Außerdem zu finden sind Möbel, Tiffany-Lampen, historisches Spielzeug und Aquarelle des Vogelmalers Audubon. Auch die umfangreiche Bibliothek ist einen Besuch wert.

Upper West Side • 170 Central Park West (zwischen 76th und 77th St. • U-Bahn: CPW/81st St. (a 2) • www.nyhistory.org • Di–Do, Sa 10–18, Fr 10–20, So 11–17.45 Uhr • Eintritt 10 $, Kinder frei

MERIAN-Tipp 10

NEUE GALERIE ▸ S. 145, D 10

Der Wiener Kunsthändler Serge Sabarsky und der Kosmetik-Erbe Ronald Lauder verwandelten das jüdische YIVO-Institut in ein kleines, aber feines Museum für österreichische und deutsche Expressionisten. In der Beletage geben Egon Schiele und Gustav Klimt den Ton an, in der zweiten Etage werden Wechselausstellungen gezeigt. Das »Café Sabarsky« im Erdgeschoss serviert Tafelspitz, Apfelstrudel und andere Wiener Spezialitäten.
Upper East Side • 1048 5th Ave./86th St. • U-Bahn: Lexington Ave./86th St. (b 2) • www.neuegalerie.org • Do, Sa–Mo 11–18, Fr 11–21 Uhr, Di und Mi geschl. • Eintritt 15 $, keine Kinder unter 12 J.

Paley Center for Media 🎦

▸ S. 146, C 13

Dass Fernsehen für die Amerikaner bereits museumswürdig geworden ist, verwundert in diesem medienbesessenen Land kaum. 1976 gegründet, zog die Sammlung 1991 in ihr jetziges, von Philip Johnson und John Burgee entworfenes Haus (damals noch als Museum of Television and Radio). Aus 25 000 Fernseh-, 15 000 Radioprogrammen und 10 000 Werbespots kann der Besucher seine Lieblingssendung wählen – sei es Nurejews Debüt in Amerika, die Landung auf dem Mond oder den Zweikampf der guten und der bösen Frau des »Denver-Clans« im Pool – und sich ansehen.

Midtown • 25 West 52nd St. (zwischen 5th und 6th Ave.) • U-Bahn: Rockefeller Center (b 3) • www.paleycenter.org • Mi, Fr–So 12–18, Do 12–20 Uhr • Eintritt 10 $, Kinder 5 $

Skyscraper Museum

▸ S. 148, C 20

Jeder einzelne von New Yorks Wolkenkratzern prägt auf seine Weise das Stadtbild. Das Skyscraper Museum präsentiert die Baugeschichte der monumentalen Hochhäuser und schildert anschaulich die Visionen, die zur unverwechselbaren Skyline New Yorks führten.
Tribeca • 39 Battery Place • U-Bahn: Bowling Green (b 6) • www.skyscraper.org • Mi–So 12–18 Uhr • Eintritt 5 $, Kinder frei

Theodore Roosevelt's Birthplace

▸ S. 147, D 16

Ein bisschen wurde gemogelt: Das Geburtshaus des Präsidenten Theodore (»Teddy«) Roosevelt – nicht zu verwechseln mit Franklin D. Roosevelt, der mit ihm nur weitläufig verwandt war – wurde abgerissen, nach dem Muster seines benachbarten Zwillings wieder aufgebaut und mit Hilfe der Familie möbliert. Die interessantesten Stücke der Sammlung sind das von Kugeln durchlöcherte Hemd, in dem Roosevelt um ein Haar das Opfer eines Attentäters geworden wäre, und die tropische Fantasieuniform, die er während des Kuba-Feldzugs als Oberstleutnant der »Rough Riders« trug, eines aus Sportlern, Cowboys und anderen Abenteurern zusammengewürfelten Kavallerieregiments. (Wer den Film »Arsen und Spitzenhäubchen« kennt, wird sich daran erinnern, dass Teddy, der verrückte Bruder der beiden Mörderinnen, in der gleichen Uniform die Treppe zu erstürmen pflegt.) Natürlich fehlt auch der Teddybär nicht: Seinen Namen bekam das Stofftier, so will es jedenfalls die Legende, als Roosevelt bei einer Bärenjagd in Mississippi den einzigen Bären, der ihm vor die Flinte kam, verschonte. Die Familie nannte ihn übrigens nicht »Teddy«, sondern »Teedie«.

Gramercy • 28 East 20th St./Park Ave. • U-Bahn: Park Ave./23rd St. (b 4) • www.nps.gov/thrb • Di–Sa 9–17 Uhr • Eintritt 3 $

Whitney Museum of American Art ▶ S. 145, D 11

Das Whitney Museum hat es sich zur Aufgabe gemacht, die Entwicklung der amerikanischen Gegenwartskunst (Malerei, Skulptur, Fotografie) getreulich zu dokumentieren – mit dem Ergebnis, dass von der rapide anschwellenden Sammlung nur ein Bruchteil in Wechselausstellungen gezeigt werden kann.

Alle zwei Jahre veranstaltet das Museum die Biennal of Contemporary American Art, die einen meist wütend umstrittenen Überblick über den aktuellen Stand des Kunstschaffens bietet. Einzelne Künstler werden in Sonderschauen vorgestellt.

Upper East Side • 945 Madison Ave./ Ecke 75th St. • U-Bahn: Lexington Ave./77th St. (b 2) • www.whitney. org • Mi, Do, Sa, So 11–18, Fr 13–21 Uhr • Eintritt 18 $, Kinder frei

GALERIEN

Ältere Kunst und etablierte Moderne finden Sie vor allem in der 57th St. und in der Gegend um die Madison Avenue. Das Hauptquartier der zeitgenössischen amerikanischen Kunst

hat sich in den vergangenen Jahren von SoHo nach Chelsea verlagert.

UPPER EAST SIDE
Acquavella ▶ S. 145, D 11

Klassische Moderne von den französischen Impressionisten bis zur Gegenwart (Alleinvertretung von Lucian Freud). Der in Deutschland zurückgebliebene Feininger-Nachlass wurde, nachdem die Erben den Prozess gewonnen hatten, durch diese Galerie unter die Leute gebracht.

Upper East Side • 18 East 79th St. • U-Bahn: Lexington Ave./77th St. (b 2) • www.acquavellagalleries.com • Mo– Fr 10–17 Uhr

Mary Boone ▶ S. 146, C 15

Deutsche und italienische »Wilde«, amerikanische Neo-Expressionisten, Basquiat, Fischl.

Upper East Side • 745 5th Ave. • U-Bahn: Lexington Ave./59th St. (b 3) • www.maryboonegallery.com • Di–Fr 10–18, Sa 10–17 Uhr

Leo Castelli ▶ S. 145, D 11

Der in Triest geborene, 1999 verstorbene Leo Castelli war der Mann, der die Pop-Art durchsetzte. Robert Rauschenberg, Claes Oldenburg und Jasper Johns wurden dank seiner Hilfe schwerreich. Die von SoHo an die Upper East Side umgezogene Galerie setzt die große Tradition fort, nimmt aber auch jüngere Künstler (Jeff Koons) unter ihre Fittiche.

Upper East Side • 18 East 77th St. • U-Bahn: Lexington Ave./77th St. (b 2) • www.castelligallery.com • Di–Sa 10–18 Uhr

Gagosian ▶ S. 145, D 12

Eine der heißesten, aber auch umstrittensten Adressen für moderne

Wer wissen will, was auf dem amerikanischen Kunstmarkt gerade so läuft, geht ins Whitney Museum of American Art (► S. 103).

Klassiker. Hier erwirbt die Hollywood- und andere Prominenz ihren Wandschmuck .
Upper East Side • 980 Madison Ave. • U-Bahn: Hunter College (b 3) • www. gagosian.com • Mo–Fr 10–17.30 Uhr

Marian Goodman ► S. 146, C 13
Teure amerikanische (Richard Artschwager), deutsche (Anselm Kiefer, Gerhard Richter) und andere europäische Zeitgenossen, auch Fotografie (Jeff Wall) und Installationen.
Upper East Side • 24 West 57th St. • U-Bahn: 6th Ave./57th St. (b 3) • www.mariangoodman.com • Mo–Sa 10–18 Uhr

Hirschl & Adler ► S. 145, D 12
Europäische und amerikanische Kunst vom Beginn des 18. bis weit ins 20. Jh. hinein.
Upper East Side • 21 East 70th St. • U-Bahn: Hunter College (b 3) • www.

hirschlandadler.com • Mo–Fr 9.30–16.45 Uhr

Knoedler & Company
► S. 145, D 12
Ein guter alter Name. Etablierte amerikanische Moderne.
Upper East Side • 19 East 70th St. • U-Bahn: Hunter College (b 3) • www.knoedlergallery.com • Mo–Fr 9.30–17.30, Sa 10–17.30 Uhr

Marlborough ► S. 147, D 13
Seitdem die Galerie wegen unlauterer Geschäfte mit dem Nachlass von Mark Rothko zu 3,8 Mio. Dollar Schadenersatz verurteilt wurde, hat ihr Ruf gelitten. Zu den Aushängeschildern von Marlborough gehören u.a. Bacon, Botero, Alex Katz.
Upper East Side • 40 West 57th St. • U-Bahn: 6th Ave./57th St. (b 3) • www.marlboroughgallery.com • Mo–Fr 10–17.30 Uhr

Pace Wildenstein ▸ S. 147, D 13

Die potenteste unter den Midtown Galerien. Pace vertritt arrivierte zeitgenössische Künstler, darunter Dubuffet, Nevelson, Rothko, Schnabel.
Upper East Side • 32 East 57th St. • U-Bahn: Lexington Ave./59th St. (b 3) • www.pacewildenstein.com • Mo–Do 9.30–18, Fr 9–16 Uhr

David Tunick ▸ S. 145, D 11

Die feinste Adresse für Grafiken und Zeichnungen vom 15. Jh. bis zur Gegenwart. Voranmeldung empfiehlt sich.
Upper East Side • 12 East 81st St. • U-Bahn: Lexington Ave./7th St. (b 2) • www.tunickart.com • Mo–Fr 17 Uhr

CHELSEA
Cheim & Read ▸ S. 146, B 15

Etablierte amerikanische Kunst (Louise Bourgeois, Jenny Holzer), auch Fotografie (Diane Arbus, Robert Mapplethorpe).
Chelsea • 547 West 25th St. • U-Bahn: 7th Ave./23rd St. (a 4) • www.cheimread.com • Di–Do 10–18, Fr 10–16 Uhr

Paula Cooper ▸ S. 146, C 16

Die Pionierin der amerikanischen Avantgarde war auch die Erste, die dem allzu kommerziell gewordenen SoHo den Rücken kehrte, nach Chelsea zog und damit einen neuen Trend auslöste.
Chelsea • 534 West 21st St. • U-Bahn: 7th Ave./23rd St. (a 4) • www.paulacoopergallery.com • Mo–Fr 10–17 Uhr

Barbara Gladstone ▸ S. 146, B 15

Bekannte und unbekannte, noch nicht in die Stratosphäre der Unerschwinglichkeit aufgestiegene Namen, nicht zuletzt aus dem deutschen Sprachraum (Stephan Balkenhol, Thomas Hirschhorn, Rosemarie Trockel).
Chelsea • 515 West 24th St. • U-Bahn: 7th Ave./23rd St. (a 4) • www.gladstonegallery.com • Mo–Fr 10–18 Uhr

Lehman Maupin ▸ S. 146, B 15

Britische Provokateure (Gilbert & George, Tracey Emin) und amerikanische Neo-Symbolisten (Ross Bleckner).
Chelsea • 540 West 26th St. • U-Bahn: 7th Ave./23rd St. (a 4) • www.lehmannmaupin.com • Di–Sa 10–18 Uhr

Matthew Marks ▸ S. 146, B 15

Schwergewichte der Abstraktion (Ellsworth Kelly) und der Pop-Ära (William de Kooning, Jasper Johns), auch Fotografen (Weegee, Nan Goldin, Andreas Gursky).
Chelsea • 522 West 22nd St. • U-Bahn: 7th Ave./23rd St. (a 4) • www.matthewmarks.com • Di–Sa 11–18 Uhr

Sonnabend Gallery ▸ S. 146, C 15

Ileana Sonnabend (1914–2007), die erste Frau von Leo Castelli, der die Pop-Art durchsetzte, blieb dem Markenzeichen ihres Mannes treu: Neo-Pop in allen Variationen – Malerei, Plastik, Fotografie. Auch nach dem Tod der Galeristin eine wichtige Adresse.
Chelsea • 536 West 22nd St. • U-Bahn: 7th Ave./23rd St. (a 4) • www.sonnabendgallery.com • Di–Sa 10–18 Uhr

David Zwirner ▸ S. 146, B 16

Amerikanische (Raymond Pettibon) und deutsche Künstler (Neo Rauch).
Chelsea • 525 West 19th St. (zwischen 10th und 11th Ave.) • U-Bahn: 7th Ave/23rd St. (a 4) • www.davidzwirner.com • Di–Sa 10–18 Uhr

In Greenwich Village (▶ S. 108) herrscht
eine eigene, fast dörfliche Atmosphäre.
Hier der Blick von der Christopher Street
Pier hinüber nach New Jersey.

Spaziergänge
und Ausflüge

Im übersichtlichen Straßennetz von New York findet
sich auch der ortsunkundige Besucher schnell zurecht.
Lassen Sie sich auf drei Spaziergänge entführen!

Greenwich Village

CHARAKTERISTIK: Greenwich Village ist das New Yorker Gegenstück zu München Schwabing und zum Montmartre in Paris **DAUER:** ca. 1 Stunde; **LÄNGE:** ca. 1 km **EINKEHRTIPPS:** Das Village ist übersät mit Hunderten von Schnellimbissen. Wer auf seriöse Küche wert legt, ist hier gut aufgehoben: Babbo (▸ S. 30), 110 Waverly Place/Sixth Ave., Tel. 777-0303, Mo–Sa 17.30–23.30, So 17–23 Uhr, www.babbonyc.com, €€€ • One if by Land, Two if by Sea (▸ S. 24), 17 Barrow St.

(nahe 7th Ave.), Tel. 255-8649, Mo–Do bis 22, Fr, Sa bis 23.15, So bis 21.30 Uhr, www.oneifbyland.com €€€. In beiden Restaurants empfiehlt sich Vorbestellung **KARTE:** ▸ S. 109, S. 148, C 17

Geografisch gesehen ist Greenwich Village – von den Einheimischen nur »the Village« genannt – der Bezirk, der im Norden von der 14th Street, im Osten vom Broadway, im Süden von der Spring Street und im Westen vom Hudson River begrenzt wird. Statt des übersichtlichen Gitternetzes von Avenues und Streets, das die Orientierung in New York so leicht macht, herrscht hier ein geradezu wüstes Durcheinander: Rechte Winkel sind selten; die meisten Straßen tragen keine Nummern, sondern – wie in Europa – Namen. Selbst Taxifahrer verirren sich hier regelmäßig. Auch Sie sollten im Village stets einen Stadtplan bei sich tragen.

Als das Dorf Greenwich 1696 gegründet wurde, lag es weit außerhalb der Stadt. Im Laufe des 18. und 19. Jh. bauten sich wohlhabende New Yorker, die das Grüne liebten, hier ihr Landhaus. Andere kamen nach Greenwich, weil ihnen der Boden in New York zu heiß wurde – so der wortgewaltige Schriftsteller Thomas Paine, der wegen seiner freisinnigen Ansichten in Ungnade gefallen war: Er starb 1809 in der Grove Street (Nr. 59, jetzt eine »gay bar«). Wieder andere flohen hierher, um sich vor den Pocken und Gelbfieber-Epidemien in Sicherheit zu bringen.

Das Dorf bekam allmählich städtische Züge – wovon Namen wie Commerce oder Bank Street heute zeugen. Um die Mitte des 19. Jh. folgten Maler und Schriftsteller: Hauptquartier der sogenannten »Hudson River School« war ein – 1959 demoliertes – Ateliergebäude in der Tenth Street.

Ganz in der Nähe wohnte einst Mark Twain (14 West 10th Street), und im Hause 85 West 3rd Street schrieb Edgar Allan Poe den »Untergang des Hauses Usher«. In der West Street, am Ufer des Hudson, versah Herman Melville das ungeliebte Amt eines Zollinspektors.

Im 20. Jh. festigte sich der Ruf des Village als Dorado von Freigeistern und Bohemiens. Obwohl sich die meisten Künstler inzwischen, weil ihnen die Mieten zu hoch geworden sind, längst in andere Stadtteile abgesetzt haben, ist die eigentümliche Atmosphäre – halb dörflich, halb subversiv – erhalten geblieben.

Kein Wunder, dass das Village neben dem Castro District in San Francisco den weltweit höchsten Anteil von Homosexuellen aufweist. Am besten eingefangen wird die besondere Atmosphäre von der »Village Voice«, einer im Jahr 1955 gegründeten Wochenzeitschrift, die den Idealen der

Beatgeneration treu geblieben ist. Die günstigste Zeit für einen Bummel ist sicher der Abend: Dann zeigt sich Greenwich Village von seiner farbigsten Seite.

Washington Square ▶ Bleecker Street

An der Südwestecke des Washington Square gehen wir die Mac Dougal Street hinunter. Gleich rechter Hand (Nr. 133) steht das **Provincetown Playhouse**, das in der amerikanischen Theatergeschichte eine bedeutende Rolle spielte: Rund ein halbes Dutzend der frühen Stücke Eugene O'Neills wurden hier uraufgeführt.

In den Zwanzigerjahren wimmelte die Mac Dougal Street von Literatencafés mit drolligen Namen wie The Fat Black Pussy Cat oder The Dragon's Den. Zwei von ihnen existieren noch: »Caffè Reggio« (Nr. 119) und »Minetta Tavern« (Nr. 113), Letztere während der Prohibitionszeit eine viel besuchte Mondscheinkneipe

(»speak-easy«). Im Hinterzimmer stellen Fresken die Geschichte des Village dar. Gleich um die Ecke, 1 Minetta Lane, erschien 1922 zum ersten Mal »Reader's Digest« – mit einer Startauflage von 5000 Exemplaren. Nach überaus erfolgreichen Jahren mit einer Spitzenauflage von fast 17 Mio. kämpft die Zeitschrift heute um ihr Überleben.

Bleecker Street ▶ Commerce Street

An der Bleecker Street angekommen, wenden wir uns nach rechts, überschreiten die Sixth Avenue (auch Avenue of the Americas genannt) und biegen hinter der **Church of Our Lady of Pompeij** in die Leroy Street ein. Jenseits der Seventh Avenue macht die Leroy Street einen leichten Knick und ändert vorübergehend ihren Namen: Das Straßenstück mit dem Freibad heißt St. Luke's Place und überrascht mit einer besonders eleganten Häuser-

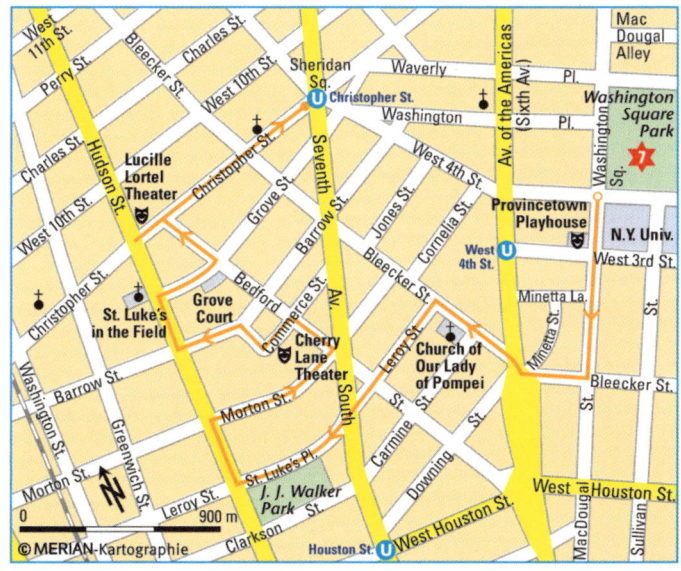

zeile. In Nr. 16 begann Theodore Dreiser seine Arbeit an der »American Tragedy«.

In Nr. 6 wohnte Jimmy Walker, New Yorks korrupter, aber populärer Bürgermeister, der die Stadt in den Zwanzigerjahren regierte. Die beiden Laternen vor dem Haus waren, bevor die Bürgermeister in einen Amtssitz auf der Upper East Side umzogen, das übliche Ehrenzeichen für »His Honor«.

Sehr hübsch ist außerdem die Morton Street, die nördliche Parallelstraße zu St. Luke's Place. Von dort geht es zweimal links in die Commerce Street. Bemerkenswert ist das **Cherry Lane Theater,** wo 1951 das Living Theater erstmals vor die Öffentlichkeit trat. Auch Becketts »Warten auf Godot« und »Endspiel« erlebten hier ihre amerikanische Uraufführung.

Die beiden absolut identischen Häuser in der Commerce Street 39–41, heißen im Volksmund »The Twin Sisters«. Angeblich hat sie ein Kapitän für seine beiden verfeindeten Töchter gebaut.

Commerce Street ▶ Bedford Street

Über Barrow und Hudson erreichen wir Grove Street. Das schmale Gittertor zwischen Nr. 10 und 12 ist der Eingang zum Grove Court, einem malerischen Hof mit efeubewachsenen Häusern.

Hier spielt »The Last Leaf«, O. Henrys schönste Kurzgeschichte: Sie handelt von einem trunksüchtigen Maler, der ständig davon faselt, dass er der Welt noch sein Meisterwerk schuldig sei – das natürlich nie zustande kommt. Im selben Hause wohnt auch Joanna, ein lungenkrankes Mädchen. In ihrem Fieberwahn redet sie sich ein, sie werde sterben, sobald der Efeu vor ihrem Fenster

sein letztes Blatt verloren habe. Tatsächlich verliert der Strauch während eines Wintersturms fast alle seine Blätter. Nur ein einziges Blatt bleibt am Ast hängen. Die Kranke nimmt dies als Wink der Vorsehung, schöpft neuen Mut und wird wieder gesund. Erst später erfährt sie, dass man den Maler tot am Fuße einer Leiter gefunden hat, von der er, wieder einmal betrunken, gefallen war. Er hatte das letzte Efeublatt nachts auf die Mauer gemalt – sein »Meisterwerk«.

Bedford Street ▶ Christopher Street

An der Ecke Grove und Bedford Street finden wir zwei auffällige Holzhäuser. Das größte baute sich ein Posamentenmacher 1822; im kleineren hatte er seine Werkstatt. Rechter Hand (außerhalb des eingezeichneten Rundgangs) steht das schmalste Haus New Yorks; die Hausnummer 75 1/2 Bedford Street zeigt, dass auch die Stadtverwaltung das 2,85 m breite Gebäude lediglich als halbe Portion betrachtet. Gegenüber (Nr. 86) das Literatencafé »Chumley's«: Während der Prohibition ein bekanntes »speak-easy«, blieb es auch nach Aufhebung des Alkoholverbots so populär, dass es bis heute auf ein Ladenschild verzichten konnte. (Das Haus ist derzeit wegen Baufälligkeit geschlossen.)

Wir wenden uns nun nordwärts. Auf der Christopher Street fällt unser Auge auf das **Lucille Lortel Theater.** Es ist das alte Theatre de Lys, wo Lotte Lenya neun Jahre lang als Seeräuber-Jenny in der »Dreigroschenoper« Triumphe feierte.

Heute ist die Christopher Street bei Einheimischen wie bei Besuchern vor allem als Inbegriff des schwulen New York bekannt; es gibt sogar eine

Der New Yorker Bildhauer George Segal ist v. a. durch seine Gips-Plastiken bekannt. Hier seine berüchtigten Pärchen auf dem Sheridan Square (▶ S. 111).

Zeitschrift dieses Namens. Die homosexuelle Subkultur ist im Zeitalter von Aids freilich nicht mehr, was sie in den Sechziger- und Siebzigerjahren war: Die Saunen und »darkrooms« sind verschwunden. Aber viele der »gay bars« in der Christopher Street existieren noch – je weiter dem Hudson zu, desto rauer und bärtiger. Das »Stonewall Inn« (53 Christopher Street), wo sich 1969 die Homosexuellen erstmals gegen eine Razzia zur Wehr setzten und der Polizei eine Straßenschlacht lieferten,

hat wieder zu seiner früheren Bestimmung zurückgefunden. Jeder Jahrestag des »Stonewall-Aufstands« wird Ende Juni durch die NYC Pride Parade gefeiert, bei der der Bürgermeister der Stadt mit an der Spitze des Zuges marschiert. Beachten Sie das männliche Liebespaar aus Gips auf dem Sheridan Square, ein Denkmal des Pop-Bildhauers George Segal, das erst aufgestellt werden konnte, nachdem der Widerstand einiger schreckhafter Anwohner überwunden war.

Wall Street und Finanzdistrikt

CHARAKTERISTIK: Die Wall Street ist eine Straße, in der Business mit großem B geschrieben wird. **DAUER:** ca. 1 Stunde **LÄNGE:** ca. 1 km **EINKEHRTIPP:** Mangia, 40 Wall St. €€ • Gigino at Wagner Park, 20 Battery Place €€€ **KARTE:** ▶ S. 149, C/D 19/20

In der **Wall Street** 🔟 und ihren Nachbarstraßen findet sich die höchste Konzentration von Banken und Börsen auf dem Globus – ein Zentrum der Macht, die allerdings, wie die jüngste Finanzkrise gezeigt hat, nicht unbegrenzt ist. Wenn Sie das Flair des Viertels mitbekommen wollen, sollten Sie es unbedingt an einem Werktag besuchen. Besonders um die Mittagszeit wimmelt es in den Straßenschluchten geradezu von hungrigen Menschen, die zu ihrem Futtertrog eilen. Am Wochenende dagegen ist die Wall Street wie ausgestorben.

Angefangen hat alles 1792 mit dem Buttonwood-Vertrag – so genannt nach einem (längst gefällten) Baum am östlichen Ende der Wall Street, unter dem die ersten Börsengeschäfte abgewickelt wurden. Nur bei schlechtem Wetter zogen sich die Makler in eine Taverne zurück. In dem Vertrag einigten sie sich auf bestimmte Spielregeln und legten damit den Grundstein zu einem geordneten Wertpapierhandel.

Trinity Church ▶ Wall Street
Beginnen Sie den Spaziergang am entgegengesetzten Ende der Wall Street – dort, wo sie in den Broadway mündet (U-Bahn-Station der Linien 4 und 5). Auf der gegenüberliegenden Straßenseite steht die **Trinity Church.** Wir können uns heute kaum noch vorstellen, dass die zierliche, 1846 gebaute Kirche ein halbes Jahrhundert lang New Yorks höchstes Bauwerk war. Sie war ein so großer Erfolg, dass sie die Gotik in der Neuen Welt heimisch machte.

Auf dem Friedhof der Trinity Church sind Robert Fulton und Alexander Hamilton begraben, der Erfinder des Dampfschiffs und Amerikas erster Finanzminister, der bei einem Duell ums Leben kam.

Federal Hall ▶ Battery Park
Gehen Sie nun in die Wall Street hinein. Dabei fällt Ihr Blick auf einen dorischen Tempel, das **Federal Hall National Memorial.** Der Bau stammt von 1842 und diente zunächst als Zollamt. Heute ist er eine Gedenkstätte für das erste Kapitol des Landes, das zuvor an der gleichen Stelle stand: In der kurzen Zeit, in der New York Landeshauptstadt war (1784–1790), tagte hier der Kongress. Das Denkmal davor erinnert daran, dass George Washington am 30. April 1789 auf dem Balkon seinen Amtseid als erster Präsident der Vereinigten Staaten ablegte. Die Festung gegenüber (23 Wall Street) ist Sitz der Morgan Guaranty Trust Company. Einige klaffende Löcher in der Marmorwand erinnern an einen Sprengstoffanschlag im September 1920, bei dem 33 Menschen ums Leben kamen. Wer hinter dem Anschlag stand, konnte nie geklärt werden.

In der Broad Street bemerken wir rechter Hand einen zweiten, nicht minder eindrucksvollen Tempel, diesmal mit korinthischen Säulen. Dies ist die **New York Stock Exchange**

Wertpapierbörse. Vor dem 11. September 2001 konnte man das aufgeregte Treiben von der Galerie aus verfolgen (Eingang: 20 Broad Street); Interessierte müssen sich seitdem mit dem **Museum of American Finance** begnügen (48 Wall Street, Di–Sa 10–16 Uhr).

Battery Park ▶ Ground Zero

Über die Bridge Street erreichen wir den Battery Park an der Südspitze Manhattans. Der pompöse Palast, der uns als Erstes ins Auge sticht, ist **Custom House** die ehemalige Zollverwaltung. Heute residieren hier statt des Zolls das Konkursgericht und das National Museum of American Indian. Im Castle Clinton, einem wenig ansehnlichen Rundbau, wurden mehr als 7 Mio. Einwanderer abgefertigt, bevor 1892 Ellis Island in Betrieb genommen wurde. Weiter nördlich entsteht ein ganz neues Viertel, die Battery Park City. Von der Uferpromenade – der einzigen Manhattans – hat man eine besonders schöne Aussicht auf die Freiheitsstatue.

Den logischen Abschluss des Spaziergangs bildete bis zum 11. September 2001 ein Besuch der Bauwerke, denen die Battery Park City ihr Entstehen verdankt – des World Trade Center. Der Terroranschlag, der die Twin Towers und mit ihnen 3000 Menschen in die Tiefe riss, hat alle Erweiterungsplanungen in diesem Bezirk durcheinander gebracht. Anstatt das Observation Deck des WTC zu besteigen, strömen die Besucher aus aller Welt jetzt zu dem Kiosk hinter der **St. Paul's Chapel,** New Yorks ältester Kirche, der kostenloses Informationsmaterial über den aktuellen Stand des Wiederaufbaus bereithält. Von dort bietet sich auch ein guter Überblick über **Ground Zero.**

Die an der New York Stock Exchange (▶ S. 112) gehandelten Papiere bleiben auch nach der Bankenkrise von 2009 die Indikatoren der Weltwirtschaft.

Zwischen Village und Downtown

CHARAKTERISTIK: In SoHo gibt die Stadt sich künstlerisch und modisch, in Little Italy mediterran, auf der Lower East Side jüdisch und in Chinatown fernöstlich **DAUER:** ca. 2 Stunden **LÄNGE:** ca. 3 km **EINKEHRTIPPS:** Barolo, 398 West Broadway, Tel. 226-1102, www.nybarolo.com €€€ • Il Palazzo, 151 Mulberry St., Tel. 343-7000 €€ • Joe's Shanghai (▶ S. 27), 9 Pell St., Tel. 233-8888, tgl. Dinner bis 23 Uhr, www.joeshanghairestaurants.com € **KARTE:** ▶ S. 149, D/E 17/18

Die Grenzen zwischen den vier Vierteln SoHo, Little Italy, Lower East Side und Chinatown verlaufen keineswegs scharf. Vor allem die aus dem Mutterland und Hongkong nachdrängenden Chinesen greifen kräftig nach allen Seiten aus. Ganze Straßenzüge, die einst jüdisch oder italienisch waren, befinden sich heute fest in chinesischer Hand.

SoHo (SOuth of HOuston Street) hat in der Geschichte mehrmals seinen Charakter gewechselt. In der ersten Hälfte des 19. Jh. war es der am dichtesten besiedelte Teil Manhattans – es gab elegante Villen, Hotels, Restaurants, aber auch Etablissements zweifelhaften Rufs. In der zweiten Hälfte des 19. Jh. zog die elegante Welt weiter nordwärts. Ihren Platz nahmen Lagerhäuser, Fabriken und Kontore ein.

Als der Zweite Weltkrieg zu Ende ging, war ein großer Teil der Industriebetriebe eingegangen. Die Lagerhallen erwiesen sich nun als geeignete Ateliers für Künstler. Ihnen folgten die Galeristen, denen die Upper East Side zu konservativ war. SoHo wurde zum Hauptquartier der amerikanischen Avantgarde und blieb es, bis es von Chelsea verdrängt wurde.

Little Italy ist dagegen auf dem besten Wege, seinen Geist aufzugeben. Von dem wimmelnden italienischen Leben sind nur noch die »ristoranti« und »trattorie« in der Mulberry Street übrig geblieben. Auch die **Lower East Side** ist nicht mehr, was sie einmal war. Zwischen 1880 und dem Ersten Weltkrieg, als die Pogrome Millionen russischer Juden über den Atlantik trieben, war die Lower East Side das neue Jerusalem einer besseren Welt. Die einst zahlreichen Synagogen und koscheren Restaurants sind auf einen kläglichen Restbestand zusammengeschmolzen.

Chinatown, früher auf wenige Straßen südlich der Canal Street beschränkt, dehnt sich heute weit in den Norden und Osten aus.

Broadway/Houston Street ▶
Broome Street

Machen Sie es wie die New Yorker, und legen Sie Ihren Bummel durch SoHo auf einen Sonntag! Der West Broadway (nicht zu verwechseln mit dem Broadway), das Rückgrat von SoHo, endet an der Houston (gesprochen: Hausten) Street. Wir machen es umgekehrt und beginnen hier unseren Spaziergang. Er führt uns an populären Restaurants (»Tre Merli«, Nr. 463; »Barolo«, Nr. 398) und attraktiven Geschäften vorbei. Die meisten der berühmten Galerien sind freilich nach Chelsea umgezogen. An der Broome Street wenden wir uns nach links. Das prachtige Gebäude rechter Hand (240 Centre Street) ist das alte Poli-

Italiener findet man in Little Italy (▶ S. 114) kaum noch, es sei denn, es handelt sich um Köche und Kellner, wie hier in der Mulberry Street.

zeipräsidium von 1909 (heute Eigentumswohnungen).

Broome Street ▶ Mott Street

Gleich dahinter biegen Sie nach rechts in die Mulberry Street ein, wo sich ein italienisches Restaurant an das andere reiht. In »Umberto's Clam House« an der Ecke Hester Street wurde im April 1972 »Crazy Joey« Gallo, einer der gefährlichsten Mafiosi, durch eine Maschinengewehrsalve liquidiert. Die Täter wurden nie gefasst. An der Canal Street wechseln wir in die nächste Parallelstraße über, in die Mott Street, das Herz von Chinatown. Die Restaurants hier sind eher schlicht und billig. Lassen Sie sich dort nieder, wo viele Chinesen sind. Der buddhistische Tempel an der Ecke (83 Mott Street) ist das Hauptquartier der Ong Leong, eines halbkriminellen Geheimklubs (tong), dem viele Geschäfte »Schutzgelder« zahlen. Früher trugen die chinesischen Banden ihre Straßenschlachten in der Doyers Street aus, deren Krümmung das Heranschleichen erleichterte. Von diesen dunkleren Seiten schweigt das **Museum of Chinese in America** (215 Centre Street, 10–17 Uhr, Di, Mi geschl.).

Orchard Street ▶ Houston Street

Wir gehen nun unter der Manhattan Bridge hindurch und werfen einen Blick auf die älteste (1887) erhaltene Synagoge New Yorks (14 Eldridge Street) und finden uns in der Orchard Street wieder. Wer sich ein Bild von den entsetzlichen Wohnverhältnissen machen will, mit denen jüdische Einwanderer vorlieb nehmen mussten, sollte sich einen Besuch des **Tenement Museum** (97 Orchard Street) nicht entgehen lassen. Über die Greene Street, die mit Zeugnissen der »cast-iron architecture« besonders reich bestückt ist, kehren wir zu unserem Ausgangspunkt zurück.

AUSFLÜGE IN DIE UMGEBUNG

Die Hamptons: Long Island – der Süden

CHARAKTERISTIK: Badeausflug zu den herrlichen Stränden im Süden der Insel; **ANFAHRT:** Mit dem Auto über den Long Island Expressway (495) oder den Southern State Parkway **DAUER:** Tagesausflug **ENTFERNUNG:** 190 km bis Montauk **EINKEHRTIPP:** Old Post House Inn in Southampton, 136 Main St., Tel. 631-283-1717, tgl. 12–15, 17–22 Uhr €€ **KARTE:** ▶ S. 119, b/c 2/3

Long Island, die mit Manhattan durch Brücken und Tunnel verbundene, gut 180 km lange Insel, ist für die New Yorker, was der Wannsee für die Berliner ist – vor allem eine Badegelegenheit. Die beliebtesten Strände liegen im Süden von Long Island. New York am nächsten gelegen ist Jones Beach, etwas weiter befindet sich der Robert Moses State Park auf Fire Island, einer vorgelagerten Nehrung. Noch weiter östlich liegen die mondänen »Hamptons« mit ihren Hauptorten Southampton und East Hampton.

Die Verehrer des Schweizer Schriftstellers Max Frisch werden es sich nicht nehmen lassen, bis zur Inselspitze nach **Montauk** vorzustoßen. Die Liebesgeschichte, von der in der gleichnamigen Erzählung die Rede ist, spielt im teuren »Guerney's Inn«. Einige der Strände auf **Fire Island,** etwa Cherry Grove oder Fire Island Pines, werden überwiegend von Homosexuellen aufgesucht; sie sind nur mit einer Fähre zugänglich. Der größte und eleganteste Ort der »Hamptons« ist **Southampton.** Die Wahrscheinlichkeit, dass Sie hier einem bekannten Schriftsteller oder Schauspieler begegnen, ist beträchtlich. In der hübschen Main Street finden Sie nicht nur schicke Läden aller Art, sondern auch **Old Halsey Homestead,** das 1648 erbaute und

damit älteste Haus im gesamten Staate New York. Das im 17. und 18. Jh. gebaute **Old Post House Inn** ist, wenn Sie während der Hochsaison reisen, sicher ausgebucht; begnügen Sie sich stattdessen mit dem Restaurant. Am ersten Wochenende im September (Labor Day) feiern amerikanische Ureinwohner aus dem nahe gelegenen Shinnecock-Reservat in Southampton ihr traditionelles Tanzfest (»PowWow«).

Auch das kleinere **East Hampton** hat viel Stil. Die Main Street mit ihren anheimelnden alten Häusern, Geschäften und Restaurants (das älteste und beste: **1770 House**) könnte einem Bilderbuch entnommen sein. East Hampton hat stets Künstler angezogen. Auf dem **Cedar Lawn Cemetery** (Cooper Lane) ist der Impressionist Childe Hassam begraben, auf dem **Green River Cemetery** (Accabonac Road) Jackson Pollock, der Hauptmeister des abstrakten Expressionismus. Das Atelier, in dem Pollock seine Leinwände bespritzte, wurde nach seinem Tod von seiner Witwe Lee Krasner weiter benutzt. Das **Pollock & Krasner House** kann in den Sommermonaten besichtigt werden.

Wer sich für die Geschichte des Walfangs interessiert, sollte einen Abstecher zum **Whaling Museum** in Sag Harbor nicht versäumen.

INFORMATIONEN

Old Halsey Homestead

Southampton, 189 S. Main St. • April–
Sept. Di–So 11–17 Uhr • Eintritt 3 $

**Pollock & Krasner House &
Study Center**

East Hampton, 830 Springs-Fireplace
Rd. • Tel. 631-324-4929 • www.pk
house.org • Juni–Aug. Do–Sa 13–

17 Uhr, Eintritt 5 $, Führung 10 $,
Kinder frei, Mai, Sept., Okt. Do–Sa
11–16 Uhr (nur mit Führung)

**Sag Harbor Whaling & Historical
Museum**

Sag Harbor, 200 Main St. • www.sag
harborwhalingmuseum.org • Mai–
Okt. Mo–Sa 10–17, So 13–17 Uhr •
Eintritt 5 $, Kinder 1 $

Die Goldküste: Long Island – der Norden

CHARAKTERISTIK: Tour zu den prächtigen Jahrhundertwende-Villen des New
Yorker Geldadels **ANFAHRT:** mit dem Auto über den Long Island Expressway
DAUER: Halbtagesausflug **ENTFERNUNG:** 80 km bis Oyster Bay **EINKEHRTIPP:**
La Pace, 51 Cedar Swamp Road, Glen Cove, Tel. 516-671-2970, www.lapaceglen
cove.com, tgl. 12–14, 18–22 Uhr, Sa, So nur Dinner €€€ **KARTE:** ▶ S. 119, a/b 2

Long Island besteht nicht nur aus
Sonne und Meer. Wenn Sie während
der kühleren Jahreszeit in New York
sind, sollten Sie den nördlichen Teil
der Insel besuchen. Ihren Spitznamen »Gold Coast« trägt diese Küste
nicht wegen der Farbe des Sandes,
sondern wegen der reichen Leute, die
sich hier um die Jahrhundertwende
majestätische Sommersitze bauten.

Bei Montauk (▶ S. 116), dem Ostende Long Islands, genießt man den weiten Blick
auf den Atlantik. Es ist Schauplatz der gleichnamigen Erzählung von Max Frisch.

Es ist kein Zufall, dass Scott Fitzgerald seinen »großen Gatsby« auf Long Island wohnen lässt: Seine imaginären Schauplätze »West Egg« und »East Egg« wurden inspiriert von den beiden Schlössern in **Sands Point**. Das ältere **Hempstead House** (auch **Castle Gould**), eine Kopie des gewaltigen Kilkenny Castle in Irland, bezog 1901 Howard Gould, Sohn des skrupellosen Eisenbahnkönigs Jay Gould. Glücklich wurde er allerdings nicht: Seine Frau, eine ehemalige Zirkusreiterin, brannte mit dem Architekten durch. 1917 kaufte Daniel Guggenheim, Eigentümer von Gold-, Zinn- und Kupferminen, das Grundstück. Einen Teil davon schenkte er seinem Sohn Harry, der sich 1923 einen Landsitz im normannischen Stil mit dem Namen »**Falaise**« (Steilküste) bauen ließ. Hierher flüchtete Charles Lindbergh nach der Ermordung seines Kindes, um den Zudringlichkeiten der Presse zu entgehen. Jedes Jahr im Herbst werden, dem Genius Loci entsprechend, mittelalterliche Turniere veranstaltet.

An der nächsten Bucht liegt **Oyster Bay**. Das kleine Hafenstädtchen ist aus zwei Gründen sehenswert. Zum einen baute Theodore Roosevelt 1894 hier seinen Landsitz **Sagamoor Hill**; während seiner Präsidentschaft (1901–1909) diente das **Roosevelt Home** als »Summer White House«. Die schweren Möbel und dunklen Töne sind typisch für einen Wohnstil, den man in Deutschland »wilhelminisch« nennt. Im benachbarten **Roosevelt Museum** wird die Geschichte der Familie dargestellt.

Der zweite Grund für einen Besuch von Oyster Bay ist **Planting Fields**, ein Landsitz, der wegen der schönen Bäume und Gewächshäuser bei Naturfreunden in hohem Ansehen steht. Auf dem Hin- oder Rückweg empfiehlt sich ein Abstecher zu den **Old Westbury Gardens**. Unter den Landhäusern auf Long Island ist Old Westbury Gardens wohl das kultivierteste. Gebaut wurde es 1906 von John Phipps, dessen Vater Partner des Stahlmagnaten Andrew Carnegie war. Trotz seines vergleichsweise jugendlichen Alters wirkt das Anwesen keineswegs neureich, wozu die schönen Möbel und Gemälde (Gainsborough, Reynolds, Constable) gewiss beitragen. Sehr gepflegter Garten.

INFORMATIONEN

Sands Point Preserve (Hempstead House und Falaise)

Port Washington/Sands Point, 127 Middle Neck Rd. • www.sandspoint preserve.org • tgl. 9–19.30 Uhr • Eintritt 5 $ • Falaise: Juni–Okt. Do–So 12–15 Uhr (nur mit Führung), Eintritt 5 $

Sagamoor Hill (Roosevelt Home und Roosevelt Museum)

Oyster Bay, 12 Sagamore Hill Rd. • www.nps.gov/sahi • tgl. 9–17 Uhr • Roosevelt Home: tgl. 10–16 Uhr (nur mit Führung), Eintritt 5 $, Kinder frei • Roosevelt Museum at Old Orchard: tgl. 10–17 Uhr • Eintritt frei

Planting Fields Arboretum State Historic Park

Oyster Bay, 1395 Planting Fields Rd. • www.plantingfields.org • tgl. 9–17 Uhr • Eintritt 6 $

Old Westbury Gardens

Old Westbury, 71 Old Westbury Rd. • www.oldwestburygardens.org • April–Okt. tgl. außer Di 10–17 Uhr • Eintritt 10 $, Kinder 5 $

Das Hudsontal

CHARAKTERISTIK: malerischer Museumstrip in den Norden des Bundesstaats New York **ANFAHRT:** mit dem Auto von Manhattan über den Henry Hudson Parkway **DAUER:** Tagesausflug **ENTFERNUNG:** 145 km bis Hyde Park **EINKEHR-TIPP:** Culinary Institute, Route 9 zwischen Poughkeepsie und Hyde Park, Tel. 845-471-6608, www.ciachef.edu, Di–Sa 11.30–13, 18–20.30 Uhr €€ **KARTE:**
▶ **S. 119, a 1/2**

Das Hudsontal inspirierte nicht nur die Maler der »Hudson River School« (G. Inness, F. Church, A. Bierstadt), sondern zog auch wohlhabende New Yorker Familien an, die dort ihre Landsitze bauten – bis sie das Aussterben der Dienstboten wieder in die Stadt zurückzwang. Im Oktober, wenn sich die Blätter ver-

färben (»Indian Summer« genannt), ist die Fahrt besonders schön. Allerdings sind die Ausfallstraßen dann auch besonders überlastet; wappnen Sie sich also mit Geduld!
Verlassen Sie Manhattan auf dem Henry Hudson Parkway, der später in den Saw Mill River Parkway übergeht; bei Hawthorne biegen Sie in

den Taconic State Parkway ein. Wer mehr Zeit hat und dem Fluss möglichst nahe bleiben will, nimmt die Route 9. Auf dieser Route kann er in Tarrytown »Sunnyside«, das Haus von Washington Irving, besichtigen – des ersten amerikanischen Schriftstellers (»Rip van Winkle«), von dem auch Europa Kenntnis nahm. Eine halbe Meile nördlich davon liegt »Lyndhurst«, der Landsitz des Eisenbahnkönigs Jay Gould.

In Hyde Park nördlich von Poughkeepsie finden Sie zwei Sehenswürdigkeiten von überregionaler Bedeutung: das Geburtshaus von Franklin D. Roosevelt (US-Präsident 1933–1945) und das Schloss von Frederick

WUSSTEN SIE, DASS …

… Franklin D. Roosevelt jahrelang ein Verhältnis mit Lucy Mercer, der Sekretärin seiner Frau Eleanor, hatte? Als er starb, war Lucy an seiner Seite. Eleanor hielt sich an Lorena Hickok schadlos, einer Journalistin, der sie über 2000 Liebesbriefe schrieb.

Vanderbilt, einem Enkel des legendären »Commodore« Cornelius Vanderbilt, der es vom Schiffer bis zum reichsten Mann Amerikas brachte. Das **Vanderbilt Mansion** vermittelt einen guten Eindruck vom Lebensstil der »Great Gatsbys« im 19. und in der ersten Hälfte des 20. Jh. Der Besuch lässt sich verbinden mit einem – allerdings frühen – Mittagessen im Culinary Institute, Amerikas bekanntester Kochschule, ebenfalls in Hyde Park.

Für den Heimweg bietet sich das gegenüberliegende Hudson-Ufer an. Überqueren Sie den Fluss bei Newburgh und fahren Sie auf der Route 9W, danach auf dem Palisades Interstate Parkway nach New York zurück. Auf dieser Route haben Sie Gelegenheit, die Militärakademie **West Point** zu besichtigen. Vor allem das Museum ist sehenswert: Neben einer umfangreichen Sammlung amerikanischer Uniformen und Waffen finden wir Kriegstrophäen wie Napoleons Degen und Hermann Görings Marschallstab. Über die George Washington Bridge kehren wir dann nach Manhattan zurück.

INFORMATIONEN

Home of Franklin D. Roosevelt

Hyde Park, Route 9 • www.nps.gov/hofr • 9–17 Uhr • Eintritt 14 $, Kinder frei

Olana

Hudson, Route 9G • www.olana.org • April–Okt. Di–So 10–16, Nov.–März Fr–So 11–15 Uhr Führung 9 $, Kinder frei

Washington Irvings Sunnyside

Tarrytown, West Sunnyside Lane • www.hudsonvalley.org • April–Okt. tgl. außer Di 11-17, Nov.–Dez. Sa, So 10–15 Uhr • Eintritt 5 $, Kinder 3 $ • Führung 12 $, Kinder 6 $

Vanderbilt Mansion

Hyde Park, Route 9 • www.nps.gov/vama • 9–17 Uhr • Führung 8 $, Kinder frei

United States Military Academy at West Point

West Point • tgl. 9–17 Uhr (nur mit Führung, Besucher ab 16 J. benötigen einen Ausweis) • Anmeldung: Tel. 845-561-2671 • www.westpointtours.com • Führung ab 11 $, Kinder ab 8 $

1883, im Jahr ihrer Einweihung, war
die Brooklyn Bridge (▶ S. 67) die längste
Hängebrücke der Welt. Eine der schöns-
ten ist sie nach wie vor.

Wissenswertes
über New York

Nützliche Informationen für einen gelungenen
Aufenthalt: Fakten über Land, Leute und Geschichte
sowie Reisepraktisches von A bis Z.

Auf einen Blick

Mehr erfahren über New York – Informationen über Land und Leute, von Bevölkerung über Politik und Sprache bis Wirtschaft.

AMTSSPRACHE: Englisch
BEVÖLKERUNG: 35 % Weiße,
27 % Hispanics, 25 % Schwarze,
12 % Asiaten
EINWOHNER: 8,3 Mio.
FLÄCHE: 790 qkm
INTERNET: www.nyc.gov
VERWALTUNG: 5 »boroughs«
WÄHRUNG: US-Dollar

Bevölkerung

Mit 8,3 Mio. Einwohnern – bei steigender Tendenz – ist New York die bei Weitem größte Stadt der USA. Unter den amerikanischen Großstädten ist sie die am dichtesten besiedelte (gut 10 000, in Manhattan gut 25 000 Einwohner je qkm). Mehr als 36 % der Bevölkerung sind im Ausland geboren. Anders als in Miami oder Los Angeles stammen die Neueinwanderer aus sehr verschiedenen Herkunftsländern – neben Lateinamerika hauptsächlich Russland und China. Einwanderungswellen im 19. und 20. Jahrhundert brachten vor allem Iren, Deutsche, Italiener und Juden ins Land. Abgesehen von den Familiennamen, haben sich die Spuren der deutschen Einwanderung fast gänzlich verloren; einige verstreute Reste sind noch in Yorkville, dem früheren deutschen Viertel auf der Upper East Side, zu finden. Die indianischen Ureinwohner sind nur noch im Museum erahnbar.

◄ Angehörige vieler verschiedener Kulturen leben im Schmelztiegel New York.

Lage

New York liegt an der US-Ostküste im gleichnamigen Bundesstaat an den Mündungen zweier Flüsse, des Hudson River und des East River.

Politik und Verwaltung

Die Stadt besteht aus 5 Stadtteilen (»boroughs«): Brooklyn (der bevölkerungsreichste), Queens (der größte), Bronx, Staten Island, Manhattan (der kleinste). Politisch tendieren die New Yorker nach links: Demokratische Kandidaten haben in der Regel bessere Aussichten als republikanische. Bürgermeister ist seit 2002 der Medien-Milliardär Michael Bloomberg – der, obwohl Demokrat, als Kandidat der Republikaner ins Rathaus einzog, weil er vom demokratischen Klüngel unabhängig bleiben wollte. Bei den Präsidentschaftswahlen 2008 stimmten in Manhattan 85 % der Wähler für Barack Obama.

Sprache

In New York werden 170 Sprachen gesprochen. Am meisten verbreitet ist – nach der Amtssprache Englisch – das Spanische. Viele der Neueinwanderer beherrschen das Englische schlecht. Auch unter den Alteingesessenen – etwa den Chinesen – gibt es viele, die es nicht für nötig halten, die Landessprache zu erlernen, und lieber unter sich bleiben.

Wirtschaft

Neben – und noch vor – London ist New York der wichtigste Finanzplatz und die größte Börse der Welt. Dass die »Masters of the World«, wie sich die Investmentbanker gern nennen lassen, auch kräftig auf die Nase fallen können, hat die jüngste Wirtschaftskrise gezeigt. Ohne das massive, dem amerikanischen Selbstverständnis eigentlich strikt zuwiderlaufende Eingreifen der Regierung in Washington wären die Folgen noch weitaus katastrophaler gewesen. So aber scheint es, dass New York – trotz einiger dramatischer Pleiten und Betrugsfälle – mit einem blauen Auge davongekommen ist.

Die zweite Säule, auf der die Bedeutung New Yorks ruht, ist die Kulturindustrie. Ein vergleichbares Angebot – 250 Theater, 80 Museen, 500 Galerien, 130 Hochschulen – gibt es nirgendwo sonst auf der Welt. Zwar wanderte der Film in den Dreißigerjahren an die Westküste ab, doch die großen Fernsehanstalten residieren in New York. Das Gleiche gilt für die führenden Zeitungen des Landes, »New York Times« und »Wall Street Journal«, die wichtigsten Wochenmagazine, die Buchverlage, die Modeschöpfer und Werbeagenturen. Auch im Internet – mit dem Wirtschafts- und Kultur-Informationsdienst www.bloomberg.com – hat New York die Nase vorn: Der Betreiber ist niemand anders als der Bürgermeister selbst. Die Metropolitan Opera ist eines der zwei oder drei Top-Opernhäuser der Welt, die Carnegie Hall ein Konzertsaal von unvergleichlich warmer Akustik. Auch für die Freunde des Tanzes ist New York eine Fundgrube. Die große Zeit des Jazz in Harlem ist zwar dahin, doch lebt die Tradition im »Village« fort. In vieler Hinsicht das typischste Erzeugnis der New Yorker Kulturindustrie ist das Musical: Ein Besuch der Broadway-Theater gehört zum unbedingten Muss.

Geschichte

1524
Giovanni da Verrazano, ein florentinischer Kaufmann, entdeckt die Insel Manhattan (der Name stammt von den Manhattan-Indianern).

1625
Niederländische Auswanderer lassen sich auf Manhattan nieder. Die Siedlung erhält den Namen »Nieuw Amsterdam«.

1626
Peter Minuit (Minnewit), der Gouverneur der niederländischen Kolonie, kauft Manhattan den indianischen Ureinwohnern für Waren im Wert von 60 Gulden ab.

1653
Der Gouverneur Peter Stuyvesant lässt im Norden der Siedlung eine Stadtmauer (»wall«) zum Schutz gegen marodierende Indianer bauen. Heute verläuft an dieser Stelle die Wall Street.

1664
Die Briten erobern kampflos die niederländische Kolonie. Nieuw Amsterdam wird in New York umgetauft (nach dem Herzog von York, dem Bruder des Königs).

1733
Der aus der Pfalz eingewanderte Johann (John) Peter Zenger gründete das »New York Weekly Journal«. Wegen seiner Kritik am Gouverneur für zehn Monate eingekerkert, wird Zenger 1735 freigesprochen. Das Urteil gilt als Meilenstein in der Durchsetzung der Pressefreiheit in den Vereinigten Staaten.

1784
New York wird Hauptstadt der Vereinigten Staaten.

1789
George Washington leistet in der Federal Hall seinen Amtseid als erster Präsident der USA.

1790
Philadelphia löst New York als Landeshauptstadt ab.

1827
Der Staat New York schafft die Sklaverei ab.

1834
Brooklyn wird zur Stadt.

1851
Gründung der »New York Times«; 1896 wird sie vom deutschstämmigen Adolph Simon Ochs erworben.

1858–1876
Der Central Park entsteht.

1880
Das Metropolitan Museum bezieht sein jetziges Haus.

1883
Die von dem deutschen Ingenieur John Augustus Röbling konstruierte Brooklyn Bridge wird eröffnet.

1886
Die Freiheitsstatue wird eingeweiht.

1891
Die Carnegie Hall wird mit einem Konzert unter Leitung von Peter Tschaikowsky eröffnet.

1892

Das Einwanderungszentrum auf Ellis Island nimmt seinen Betrieb auf. Bis zu seiner Schließung im Jahre 1954 betreten von hier aus 17 Mio. Einwanderer erstmals amerikanischen Boden.

1898

Greater New York mit seinen noch heute existierenden fünf Stadtteilen entsteht. Mit 3,3 Mio. Einwohnern ist die Stadt hinter London die zweitgrößte der Welt.

1902

Das Flatiron Building an der Kreuzung Broadway/23rd St. wird eingeweiht. Es stellt unter Beweis, dass die neue Stahlbauweise Hochhäuser ermöglicht.

1904

Als sechste Stadt der Welt (nach London, Chicago, Budapest, Paris und Berlin) nimmt New York eine Untergrundbahn in Betrieb. Mit über 400 km Länge ist ihr Gleisnetz heute das umfangreichste der Welt.

1911

Bei einem Großbrand in der Triangle Shirtwaist Company im Village, der größten Blusenfabrik Amerikas, kommen 148 Arbeiterinnen ums Leben. Die juristische Aufarbeitung der Katastrophe führt zu einer umfassenden Revision des Arbeitsrechts.

1913

Die Armory Show in der Kaserne Lexington Avenue/25th Street macht Amerika mit der modernen Kunst Europas bekannt. Im selben Jahr entsteht das Woolworth Building, New Yorks erster Wolkenkratzer und bis 1930 mit 240 m das höchste Gebäude der Welt.

24. Oktober 1929

Der Kurssturz an der New Yorker Börse löst die Weltwirtschaftskrise aus, die erst Mitte der Dreißigerjahre überwunden wird.

1931

Das Empire State Building wird nach zweijähriger Bauzeit eröffnet.

1952

Die Generalversammlung der Vereinten Nationen tagt erstmals in ihrem neu errichteten Hauptquartier am East River.

1965

Der schwarze Politiker Malcolm X wird in Harlem erschossen.

1990

Als erster Schwarzer wird David Dinkins Bürgermeister.

1994–2001

Bürgermeister »Rudy« Giuliani, ein Ex-Staatsanwalt, der die Mafia-Bosse aus dem Verkehr zog, macht sich um die Sicherheit der Stadt verdient.

11. September 2001

Zwei von muslimischen Terroristen entführte Flugzeuge zerstören das World Trade Center.

2002

Der Medien-Milliardär Michael Bloomberg wird Bürgermeister.

Herbst 2008

Schwere Krise an der Wall Street; Zusammenbruch der Investmentbank Lehman Brothers.

Sprachführer Englisch

Wichtige Wörter und Ausdrücke

ja – yes
nein – no
bitte – my pleasure, you're welcome
danke – thank you
Wie bitte? – Pardon?
Ich verstehe nicht – I don't
  understand you
Entschuldigung – Sorry, I beg your
  pardon, excuse me
Guten Morgen – Good morning
Guten Tag – Hello
Guten Abend – Good evening
Auf Wiedersehen – goodbye
Ich heiße … – My name is …
Ich komme aus … – I'm from …
Wie geht's? – How are you?
Danke, gut. – Thanks, fine.
wer, was, welcher – who, what, which
wie viel – how many, how much
Wo ist … – Where is …
wann – when
wie lange – how long
Sprechen Sie Deutsch? – Do you
  speak German?
Bis bald – See you soon
heute – today
morgen – tomorrow

Zahlen

null – zero
eins – one
zwei – two
drei – three
vier – four
fünf – five
sechs – six
sieben – seven
acht – eight
neun – nine
zehn – ten
zwanzig – twenty
einhundert – one hundred
eintausend – one thousand

Wochentage

Montag – Monday
Dienstag – Tuesday
Mittwoch – Wednesday
Donnerstag – Thursday
Freitag – Friday
Samstag – Saturday
Sonntag – Sunday

Unterwegs

Wie weit ist es nach …? – How far is
  it to …?
Wie kommt man nach …? – How
  do I get to …?
Wo ist …? – Where is …?
– die nächste Werkstatt? – the
  nearest garage?
– der Bahnhof/Busbahnhof? –
  the station/bus terminal?
– die nächste U-Bahn-/Bus-Station/
  der Flugplatz? – the nearest subway station/bus stop/the airport?
– die Touristeninformation? – the
  tourist information?
– die nächste Bank? – the nearest
  bank?
– die nächste Tankstelle? – the nearest gas station?
Wo finde ich einen Arzt/eine
  Apotheke? – Where do I find a
  doctor/a pharmacy?
Bitte voll tanken! – Fill up please!
Normalbenzin – Regular gas
Super – super
bleifrei – unleaded
rechts – right
links – left
geradeaus – straight ahead
um die Ecke round the corner
Ich möchte ein Auto/ein Fahrrad
  mieten. – I would like to rent a
  car/bike.
Wir hatten einen Unfall. – We had
  an accident.

Eine Fahrkarte nach … bitte! –
A ticket to … please!
Ich möchte Geld wechseln. – I'd like
to change money.

Übernachten
Ich suche ein Hotel/eine Pension. –
I'm looking for a hotel/guesthouse.
Ich suche ein Zimmer für …
Personen. – I'm looking for a room
for … people.
Haben Sie noch Zimmer frei…? –
Do you have any vacancies…?
– für eine Nacht? – for one night?
– für zwei Tage? – for two days?
– für eine Woche? – for one week?
Ich habe ein Zimmer reserviert. –
I made a reservation for a room.
Haben Sie zum Wochenende einen
Sonderpreis? – Do you offer a
special weekend rate?
Wie viel kostet das Zimmer…? –
How much is the room…?
– mit Frühstück? – including break-
fast?
– mit Halbpension? – half board?
Kann ich das Zimmer sehen? – Can
I have a look at the room?
Ich nehme das Zimmer. – I'll take
the room.
Kann ich mit Kreditkarte zahlen? –
Do you accept credit cards?

Essen und Trinken
Wir haben einen Tisch reserviert –
We have booked a table.
Die Speisekarte bitte! – Could I see
the menu please?
Die Rechnung bitte! – Could I have
the check please?
Ich hätte gern… –
I'd like to have …
Auf Ihr Wohl! – Cheers!
Wo finde ich die Toiletten (Damen/
Herren)? – Where are the rest-
rooms (ladies/gents)?

Kellner/in – waiter/waitress
Frühstück – breakfast
Mittagessen – lunch
Abendessen – dinner

Einkaufen
Wo gibt es …? – Where do I
find …?
Haben Sie …? – Do you have …?
Was ist das/wie heißt das? – What is
that/how do you call this?
Wie viel kostet das? – How much is
this?
Das gefällt mir/gefällt mir nicht –
I like it/I don't like it
Das ist zu teuer. – That's too ex-
pensive.
Ich nehme es. – I'll take it.
Geben Sie mir bitte 100 Gramm/
ein Pfund. – I'd like to have one
hundred grams/one pound
Danke, das ist alles. – Thank you,
that's it.
geöffnet/ geschlossen – open/
closed
Einkaufszentrum – shopping
mall
Kaufhaus – department store
Lebensmittelgeschäft – grocery
Briefmarken für einen Brief/eine
Postkarte nach Deutschland/
Österreich/in die Schweiz –
stamps for a letter/postcard to
Germany/Austria/Switzerland

Ämter, Banken, Zoll
Haben Sie etwas zu verzollen? –
Do you have anything to declare?
Ich habe meinen Pass/Brieftasche
verloren. – I have lost my pass-
port/my wallet.
Ich suche einen Geldautomaten. –
I am looking for an ATM.
Ich möchte einen Reisescheck ein-
lösen. – I'd like to cash a traveler's
check.

Kulinarisches Lexikon

A
almonds – Mandeln
appetizer – Vorspeise
asparagus – Spargel

B
bacon – Speck
bagel – hartes (jüdisches) Brötchen
beans – Bohnen
beer on tap – Bier vom Fass
bisque – Hummer- oder
  Krebssuppe
boiled – gekocht
bread – Brot
broiled – gegrillt
bun – weiches Brötchen
burrito – mit Reis und Fleisch oder
  Gemüse gefüllter Maisfladen

C
cabbage – Kohl
cake – Kuchen, Torte
candy – Bonbons, Süßigkeiten
casserole – Eintopfgericht
cauliflower – Blumenkohl
cereal – Getreideflocken
chanterelles – Pfifferlinge
cheese – Käse
– cake – Käsekuchen
chicken – Huhn
chop – Kotelett
chowder – dicke Suppe von Fisch,
  Fleisch oder Schalentieren
clams – Muscheln
cod – Kabeljau
coffee – Kaffee
cole slaw – Krautsalat
corn – Mais
crab – Taschenkrebs
crawfish – Krebs
crayfish – Flusskrebs
cucumber – Gurke
cutlet – Schnitzel

D
decaf – koffeinfreier Kaffee
dessert – Nachtisch
domestic beer – einheimisches Bier
duck – Ente
dumplings – Klöße

E
egg – Ei
entrée – Hauptgang (in Frankreich
  Vorspeise)

F
fork – Gabel
french fries – Pommes frites
fried – in der Pfanne gebraten
– eggs – Spiegeleier
– potatoes – Bratkartoffeln
fruit – Obst
– juice – Fruchtsaft

G
game – Wild
garlic – Knoblauch
goose – Gans
grape – Weintraube
grilled – gegrillt

H
haddock – Schellfisch
halibut – Heilbutt
ham – Schinken
herbal tea – Kräutertee
horseradish – Meerrettich

K
kidneys – Nieren
knife – Messer
knuckels – Haxe

L
lamb chop – Lammkotelett
leek – Lauch, Porree
leg of lamb – Lammkeule
lemon – Zitrone
lentils – Linsen
lettuce – Kopfsalat
liver – Leber
lobster – Hummer
loin – Lendenstück

M
mashed potatoes – Kartoffelbrei
meat – Fleisch
– balls – Fleischklößchen
medium rare – halb durch-
  gebraten

muffin – kleines, rundes
  Gebäck
mushrooms – Pilze
mussels – Miesmuscheln
mustard – Senf

N
night cap – Schlummertrunk,
  letzte Bestellung
noodles – Nudeln
nuts – Nüsse

O
onions – Zwiebeln
orange juice – Orangensaft
oysters – Austern

P
pancake – Pfannkuchen
partridge – Rebhuhn
pastry – Gebäck, Kuchen
peach – Pfirsich
pear – Birne
peas – Erbsen
pepper – Pfeffer
pie – Pastete, Torte
pineapple – Ananas
pork – Schweinefleisch
porridge – Haferbrei
porterhouse steak – großes Steak
  mit Filetstück und Knochen
potatoes – Kartoffeln
poultry – Geflügel
prawn – Garnele
prunes – Backpflaumen
pumpkin – Kürbis

R
rabbit – Kaninchen
radish – Radieschen, Rettich
raisins – Rosinen
rare – fast roh
rarebit – überbackener Toast
raspberries – Himbeeren
roast – Braten
roasted – im Ofen gebraten
roll – Brötchen

S
salmon – Lachs
salt – Salz
sausage – Wurst

scrambled eggs – Rühreier
sea-food – Meeresfrüchte
sirloin steak – Lendensteak
slice – Scheibe
smoked – geräuchert
snapper – Tiefseefisch
soft boiled egg –
  weich gekochtes Ei
sole – Seezunge
soup – Suppe
sour cream – saure Sahne
spareribs – Rippchen
spinach – Spinat
spoon – Löffel
steamed – gedämpft
stewed – geschmort
stout beer – dunkles,
  starkes Bier
strawberries – Erdbeeren
stuffed – gefüllt
sugar – Zucker
sweetbread – Kalbsbries

T
taco – gefüllter Maisfladen
tart – Törtchen
T-bone steak – Steak mit Filetstück und Knochen
tea – Tee
tenderloin – Filetstück
tomato juice – Tomatensaft
trout – Forelle
tuna fish – Tunfisch
turbot – Steinbutt
turkey – Truthahn
turnips – weiße Rüben

V
veal – Kalbfleisch
vegetables – Gemüse
venison – (Rot-)Wild
vinegar – Essig

W
wafers – dünne Waffeln
walnut – Walnuss
whipped cream – Schlagsahne
white cabbage – Weißkohl
wine – Wein
– by the glass – offener Wein
– red wine – Rotwein
– white wine – Weißwein

Reisepraktisches von A–Z

ANREISE

MIT DEM FLUGZEUG

Die Zeiten, da Amerika-Reisende nach wochenlanger Fahrt mit dem Ozeandampfer im Hafen von New York ankamen, sind vorbei. Heute reist man per Flugzeug in die Weltstadt, die gleich zwei internationale Flughäfen – John F. Kennedy (JFK) und Newark – zur Verfügung stellt.

Von den meisten größeren Flughäfen Europas gibt es mehrmals täglich Direktverbindungen nach New York. Die Weiterfahrt nach Manhattan dauert theoretisch von beiden Flughäfen etwa 45 bis 60 Minuten. Doch kommt es in den beiden Tunneln, die Manhattan mit New Jersey verbinden, sowie auf den Autobahnen zum JFK Airport oft zu erheblichen Staus. Nachdem Sie Ihr Gepäck (Gepäckwagen 3 $) in Empfang genommen haben, stehen Ihnen drei Transportmöglichkeiten zur Verfügung:

Auf www.atmosfair.de und www.myclimate.org kann jeder Reisende durch eine Spende für Klimaschutzprojekte für die CO_2-Emission seines Fluges aufkommen.

AirTrain: Neuerdings gibt es Bahnverbindungen zu den beiden Flughäfen. Die vom JFK Airport ist preiswert (7 $), führt allerdings nur bis Jamaica/Queens, wo man in die U-Bahn nach Manhattan umsteigen muss. Diese Variante spart keine Zeit und ist nur Ortskundigen ohne Gepäck zu empfehlen. Anders der teurere (14 $) AirTrain von Newark: Er fährt direkt nach Manhattan (Penn Station, 7th Avenue/34rd Street); von dort aus lassen sich die Hotels der Innenstadt rasch erreichen.

Busse: Außerdem fahren Busse vom JFK zum Grand Central und zu verschiedenen Hotels in der Times-Square-Gegend (15 $, hin und zurück 27 $) sowie von Newark zum Port Authority Bus Terminal (42nd Street/8th Avenue, 13 $, hin und zurück 22 $).

Taxis: Zweifellos das bequemste Verkehrsmittel. Am JFK wartet eine riesige Flotte auf Kundschaft. Die Fahrt nach Manhattan kostet 45 $ (Fixpreis) plus Brückenmaut und Trinkgeld, macht zusammen ca. 55 $. Nehmen Sie nur ein gelbes Taxi (mit Taxameter)! In Newark wird der Nettofahrpreis je nach Ziel von einem Dispatcher festgelegt – eine zeitraubende Prozedur, die oft zu langen Wartezeiten führt. Auch hier sind Straßen- und Tunnelmaut sowie das – obligatorische! – Trinkgeld zu addieren.

AUSKUNFT

NYC & Company

www.nycgo.com

– Midtown • 810 7th Ave. (zwischen 52nd und 53rd St.) • U-Bahn: 7th Ave. (a 3) • Mo-Fr 8.30–18 Uhr, Sa, So 9–17 Uhr ▶ S. 146, C 14

– Midtown • 1560 Broadway (zwischen 46th und 47th St.) • U-Bahn: Times Square (a 3) • Mo-So 8–20 Uhr ▶ S. 146, C 14

– Tribeca • 26 Wall St. (zwischen William und Nassau St.) • U-Bahn: Wall St. (b 6) • Mo-Fr 9–17 Uhr ▶ S. 149, D 20

BUCHTIPPS

Carol von Pressentin-Wrights: Blue Guide New York (W. W. Norton & Co., 2008) Der seriöse Tourist, der

Englisch liest, kommt um dieses Buch nicht herum. Der 2008 in 4. Auflage erschienene Stadtführer ist der Goldstandard, an dem sich alle anderen messen lassen müssen. Mehr als das, was hier auf gut 800 Seiten zusammengetragen wurde, braucht niemand zu wissen.

Richard Allemans: New York: The Movie Lover's Guide (Broadway Books, 2005) Anglophone Filmfreunde, die es zu den Schauplätzen und Produktionsstätten der New Yorker Filmindustrie zieht, finden in diesem bekannten Werk mehr, als sie verdauen können.

Tim und Nina Zagat: Zagat Surveys (Simon & Schuster UK, 2009) Für den strategisch planenden Gourmet gibt es seit einem Vierteljahrhundert eine fast objektiv zu nennende, obendrein amüsante Auskunftsquelle. Tim und Nina Zagat hatten die originelle Idee, nicht berufsmäßige Esser, sondern Laien zu Richtern über die New Yorker Gastronomie zu bestellen. Die Post, die ihnen reichlich zuging, komprimierten sie auf fünf Zeilen pro Restaurant – zur größten Begeisterung ihrer Leser, die die handlichen Bücher seitdem jedes Jahr auf den neuesten Stand bringen.

DIPLOMATISCHE VERTRETUNGEN
Generalkonsulat der Bundesrepublik Deutschland
▸ S. 147, E 13
Midtown • 871 United Nations Plaza (1st Ave./48th St.) • U-Bahn: Grand Central (b 3) • Tel. 610-9700

Österreichisches Generalkonsulat ▸ S. 145, D 12
Upper East Side • 31 East 69th St. • U-Bahn: Hunter College (b 3) • Tel. 737-600

Schweizer Generalkonsulat
▸ S. 147, D 14
Murray Hill • 633 3rd Ave./40th St. • U-Bahn: Grand Central (b 3) • Tel. 599-5700

EINREISE
REISEDOKUMENTE
Deutsche und Österreicher können mit einem für die Dauer des Aufenthalts gültigen maschinenlesbaren Reisepass einreisen. Schweizer benötigen zur visumsfreien Einreise das Modell E06 des Schweizer Passes. Kinder benötigen einen eigenen Reisepass mit Lichtbild. Verbindliche Auskünfte über die aktuellen Vorschriften erteilt die US-Botschaft unter www.usembassy.gov.

ESTA
Seit Januar 2009 müssen alle USA-Reisende – auch Kinder – mindestens 72 Stunden vor dem Abflug eine elektronische Reisegenehmigung (ESTA) beim Departement of Homeland Security beantragen. Den Antrag stellt man auf der ESTA-Webseite (https://esta.cbp.dhs.gov). Er wird in der Regel innerhalb von wenigen Sekunden genehmigt. Weitere Auskünfte unter www.usembassy.gov.

VISUM
Reisende aus Deutschland, Österreich und der Schweiz können ohne Visum in die USA einreisen – vorausgesetzt, sie bleiben nicht länger als 90 Tage und können ein Ticket für den Rückflug vorweisen.
Nach der Landung werden die Ankömmlinge in zwei Warteschlangen eingeteilt – (1) Amerikaner und in Amerika Ansässige und (2) Reisende, die woanders wohnen. Achten Sie darauf, dass Sie in der richtigen

Schlange stehen! Wenn man Pech hat und mehrere Flugzeuge kurz nacheinander ankommen, können die Schlangen erschreckend lang werden. Wappnen Sie sich mit Geduld und beantworten Sie die oft etwas kurz angebundenen Fragen der Kontrolleure ohne bissige Bemerkungen. Seit Oktober 2004 werden Sie, bevor der Beamte seinen Stempel in Ihren Pass drückt, fotografiert und müssen Fingerabdrücke hinterlassen. Keine Sorge, Ihre Finger bleiben sauber! Wenn Sie die Einreiseprozedur überstanden haben, zirkuliert Ihr Koffer in der Regel schon auf dem Gepäckband. Die letzte Hürde, der Zoll, ist meist nur eine kurze Formalität.

FEIERTAGE

Gesetzliche Feiertage, an denen Behörden, Banken und die meisten Büros geschlossen sind, aber nicht unbedingt die Geschäfte:

1. Jan. Neujahr
3. Mo im Jan. Martin Luther King's Birthday
12. Feb. Lincoln's Birthday
3. Mo im Feb. Washington's Birthday
letzter Mo im Mai Memorial Day
4. Juli Independence Day
1. Mo im Sept. Labor Day
2. Mo im Okt. Columbus Day
11. Nov. Veteran's Day
4. Do im Nov. Thanksgiving Day
25. Dez. Weihnachten

In New York, wo fast 2 Mio. Juden leben, sind an jüdischen Feiertagen viele Geschäfte geschlossen, v.a. während des jüdischen Neujahrsfestes (**Rosch Haschanà**, Sep.) und am Versöhnungstag (**Jom Kippur**, Sep./Okt.).

GELD

1 $	0,70 €/1 SFr
1 €	1,46 $
1 SFr	1 $

Die Währungseinheit der USA ist der Dollar ($). 1 $ = 100 Cent. Die Münzen heißen »quarter« (25 Cent), »dime« (10 Cent), »nickel« (5 Cent) und »penny« (1 Cent). Sie brauchen sie vor allem zum Telefonieren und Busfahren. Geldscheine über 50 $ sind eher unpraktisch, da sie häufig nicht angenommen werden (insbesondere von Taxifahrern).
Das übliche Zahlungsmittel bei Beträgen über 20 $ ist die Kreditkarte (American Express, Visa, MasterCard). Geldautomaten (ATM) sind überall zu finden und ersparen Ihnen Kopfzerbrechen über den Wechselkurs. Devisen können in beliebiger Höhe eingeführt werden, sind aber ab einer Summe von 10 000 $ zu deklarieren. Die Banken wechseln kein Geld. Dafür gibt es Devisenhändler.

INTERNET

www.nyc.gov
Offizielle Website von Bürgermeister Bloomberg mit amtlichen Nachrichten.
www.circleline42.com
Die klassische, dreistündige Schiffsrundfahrt um die Insel Manhattan.
www.gaycitynews.com
Der schnellste Zugang zum schwulen und lesbischen New York.
www.graylinenewyork.com
Stadtrundfahrten im Doppeldeckerbus bei Tag und Nacht.
www.mta.info
Alles über New Yorker Verkehrsverbindungen, Fahrpläne und Preise.

www.nyc.com/hotels
Hotels aller Preisklassen, auch für Besucher mit Sonderwünschen.
www.newyork.citysearch.com
Restaurant-Kritiken, Hotel-Emfehlungen sowie viele Tipps für neue Filme und Events.
www.ny.com/museums
Aktuelle Ausstellungen in ausgewählten New Yorker Museen.
www.nycbeer.org
Für Biertrinker, die es zu verwandten Seelen drängt.
www.nycvisit.com
Hilfreiche Auskünfte aller Art für New-York-Besucher (einschl. aktueller Ereignisse).
www.ny.com/museums/ all.museums.html
Vollständige Liste der Museen.
www.playbill.com
Übersicht über den aktuellen Theaterspielplan.

MEDIZINISCHE VERSORGUNG
KRANKENVERSICHERUNG
Der Abschluss einer Auslandsreisekrankenversicherung ist ratsam.

KRANKENHAUS
Downtown Hospital ▶ S. 149, D 19
Tribeca • 170 William St. • U-Bahn: Fulton St. (b 6) • Tel. 312-5000

APOTHEKEN
Apotheken haben in der Regel von 9–18 Uhr geöffnet.

Kaufman Pharmacy ▶ S. 147, D 13
Midtown • Lexington Ave./50th St. • U-Bahn: 51st St. (b 3) • Tel. 755-2266 • tgl. 24 Std.

NEW YORK PASS
Der New York Pass ermöglicht freien Eintritt zu über 50 Sehenswürdig-

NEBENKOSTEN

1 Tasse Kaffee	2,00 €
1 Bier (im Lokal)	4,00–7,50 €
1 Cola (im Lokal)	2,00 €
1 Brot (ca. 500g)	1,20 €
1 Schachtel Zigaretten	5,00 €
1 Liter Normal-Benzin	0,35 €
Öffentl. Verkehrsmittel (Einzelfahrt)	1,40 €
Mietwagen/Tag	ab 75,00 €

keiten und erspart die Wartezeit beim Ticketkauf. Er ist über die Webseite www.newyorkpass.com für die Dauer von bis zu sieben aufeinanderfolgenden Tagen zu erhalten (1 Tag 75 $, 7 Tage 190 $).

NOTRUF
Tel. 911
(Polizei, Feuerwehr, Rettungsdienst)

POST
Die Briefkästen in den USA sind meist blau. Briefmarken erhält man in den Postämtern. Eine Postkarte nach Deutschland, Österreich und in die Schweiz kostet 0,94 $.

REISEKNIGGE
Den Amerikanern gilt New York als die europäischste Stadt der USA. Benehmen Sie sich also so, wie Sie es in Europa täten. Seit 2003 gilt in allen geschlossenen, öffentlich zugänglichen Räumlichkeiten (Flughäfen, Restaurants, Lobbys, Subway-Bahnsteigen usw.) ein striktes Rauchverbot. In ihrer Kleidung geben sich die New Yorker eher nachlässig. Nur im Büro und in guten Restaurants wird erwartet, dass die Herren Jackett tragen. Aber auch im bescheidensten Lokal gilt die eiserne Regel: Man

setzt sich nie zu Fremden an den Tisch. Im Restaurant sind Trinkgelder nicht inbegriffen, für Kellner stellen sie die einzige Einkunftsquelle dar. Der Ober kann bei angemessener Leistung ein Trinkgeld von mindestens 15 % erwarten, ebenso der Taxifahrer. Für den Gepäckträger auf dem Flugplatz und im Hotel sind 2 $ für das erste Gepäckstück und 1 $ für jedes weitere angemessen.

REISEWETTER

Die Sommermonate Juli und August sind in der Regel heiß und schwül; Spitzentemperaturen über 30 °C sind hier keine Seltenheit. Der Winter dagegen, der seinen Höhepunkt im Februar erreicht, kann sehr kalt und schneereich sein.

Besonders stimmungsvoll sind New York und Umgebung in den Monaten September und Oktober, während des »Indian Summer«. Schön ist es auch von Ende April bis Anfang Juni, wenn die Stadt und ihre vielen Parks sich in duftende Blütenmeere verwandeln.

STADTRUNDFAHRTEN

Wer wenig Zeit hat und sich die Sehenswürdigkeiten lieber von anderen erklären lässt, sollte an einer Stadtrundfahrt teilnehmen. Sie kostet, je nach Länge der Tour, zwischen 15 und 80 $. Sightseeing im Bus organisieren beispielsweise:

Gray Line ▸ S. 146, C 13

Die Gray Line bietet 20 Touren in unterschiedliche Gegenden und von unterschiedlicher Dauer, viermal täglich auch auf Deutsch. Sonntags lohnt die Tour nach Harlem (einschließlich Gottesdienst). Die 48-Stunden-Tour mit beliebig vielen Unterbrechungen (»Hop-on, Hop-off«) kostet 44 $, für Kinder 34 $. Midtown • 777 8th Ave./47th St. • U-Bahn: 50th St./8th. Ave. (a 3) • Tel. 445-0848 • www.grayline.com

Harlem Spirituals Gospel & Jazz Tours ▸ S. 146, C 13

Spezialisiert auf Touren zu Gottesdiensten und Sehenswürdigkeiten in Harlem. Preise 50 $, Kinder 35 $. Harlem • 690 8th Ave. (zwischen 43th und 44th St.) • U-Bahn: 8th Ave./42nd St. (a 3)• www.harlem spirituals.com • Tel. 1-800-660-2166

Liberty Helicopters ▸ S. 146, A 15

Rundflüge mit dem Hubschrauber. Chelsea • 12th Ave./30th St. • U-Bahn: Penn Station (a 4) • Tel. 1-800-542-9933 • www.libertyheli copter.com • Preis ab 140 $

Circle Line ▸ S. 146, A 14

Sehr zu empfehlen, v. a. bei schönem Wetter, ist eine Rundfahrt im Schiff um die Insel Manhattan. Midtown • Pier 83 (42nd St./Hudson River) • U-Bahn: 42nd St./8th Ave. (a 3) • Tel. 563-3200 • www.circle line42.com • Ende März–Mitte Nov. tgl. 12.30 Uhr • Dauer 3 Std. • Erwachsene 34 $, Kinder 21 $

STROM

Die elektrische Spannung beträgt 110 Volt. Für elektrische Geräte wird ein Steckeradapter benotigt.

TELEFON
VORWAHLEN

D, A, CH ▸ USA 0 01
USA ▸ D 0 11 49
USA ▸ A 0 11 43
USA ▸ CH 0 11 41

Mittelwerte	JAN	FEB	MÄR	APR	MAI	JUN	JUL	AUG	SEP	OKT	NOV	DEZ
Tages-temperatur	4	5	9	14	21	25	28	27	24	18	12	6
Nacht-temperatur	-4	-4	0	5	11	17	19	19	16	10	4	-2
Sonnen-stunden	5	6	7	8	8	10	9	8	8	7	5	4
Regentage pro Monat	12	10	12	11	11	10	11	10	9	9	9	10

New York hat zwei Vorwahlnummern: 212 (Manhattan) und 718 (Brooklyn, Bronx, Queens und Staten Island). Die Vorwahlnummern für Mobiltelefone in den USA sind 630 und 917.

Bei Anrufen in einen anderen Telefonbereich muss eine 1 vorgewählt werden. Ortsgespräche kosten 25 Cent. Telefonzellen gibt es an jeder Straßenecke und in der Lobby jedes Bürogebäudes. Sie können von dort aus auch Ferngespräche führen, müssen sich aber mit Kleingeld ausstatten: Wählen Sie 0, und der »operator« wird Ihnen sagen, wie viel Geld Sie einwerfen müssen.

Europäische Handys funktionieren in den USA nur, wenn es sich um Mehrband-Mobiltelefone handelt. Fragen Sie im Zweifelsfall bei Ihrem Provider nach. Im Gespräch mit Amerikanern nennen Sie Ihren Apparat »cell phone« oder »mobile phone«. »Handy« klingt zwar amerikanisch, ist es aber nicht.

VERKEHR
AUTO

Die Einheimischen machen es vor: New York ist die einzige US-Großstadt, in der Sie wirklich kein Auto brauchen. Nutzen Sie daher die in den Vereinigten Staaten rare Chance, zu Fuß zu gehen.

MIETWAGEN

Für einen Ausflug in die Umgebung ist ein Auto unerlässlich. Die großen, auch in Deutschland bekannten **Autovermietungen** (Hertz, Avis, Budget usw.) haben in New York zahllose Filialen.

Besonders an Wochenenden sind die Preise recht günstig. Voraussetzung sind Führerschein und Kreditkarte (v. a. American Express, Visa, MasterCard). Es ist üblich, den Wagen vorher telefonisch zu bestellen. Ihr Hotel wird Ihnen dabei gern behilflich sein.

ÖFFENTLICHE VERKEHRSMITTEL

New York besitzt ein sehr gut ausgebautes öffentliches Verkehrsnetz. Die **U-Bahn** ist zwar immer noch schmutzig und laut, wird aber inzwischen wieder besser gepflegt. Zum Betreten der Bahnsteige benötigt man eine **Metrocard** (2,25 $). Sie können damit während zwei Stunden so weit fahren, wie Sie wollen, und beliebig oft umsteigen. Meiden Sie die Stoßzeiten und benutzen Sie nach Mitternacht lieber ein Taxi. Die U-Bahn fährt durchgehend.

Das Omnibus-System ist nicht ganz einfach zu durchschauen. Interessant sind in erster Linie die **Busse**, die nach Norden (auf der 1st, 3rd, Madison, 6th und 8th Avenue) oder

nach Süden (auf der 2nd, Lexington, 5th und 7th Avenue) fahren. Eingestiegen wird vorne, gezahlt durch den Einwurf von 2,25 $ (auch Metrocards werden akzeptiert) in einen Kasten beim Fahrer. Expressbusse sind teurer (5,50 $).
www.mta.info

TAXI

Die New Yorker sind leidenschaftliche Taxi-Benutzer. Taxis sind billiger als in Deutschland und, abgesehen von den Stunden zwischen Schichtwechsel (16 Uhr) und Theaterbeginn (20 Uhr), meist ohne größere Schwierigkeiten aufzutreiben. Der Fahrpreis ist auf einem Taxameter abzulesen. Nach 20 Uhr gibt es einen Aufschlag von 50 Cent.

ZEITUNGEN UND ZEITSCHRIFTEN

Die informativste Tageszeitung ist die »New York Times«; ihre Sonntagsausgabe ist so dick und schwer wie das Berliner Telefonbuch.

ZEITVERSCHIEBUNG

In New York gilt die Eastern Standard Time (MEZ -6 Std.).

ZOLL

Die Einfuhr von bestimmten Lebensmitteln (z.B. Fleisch und Wurstwaren) in die USA ist verboten. Zollfrei darf nicht mehr als 1 l Alkohol von Personen über 21 Jahren in die USA eingeführt werden.

Reisende aus Deutschland und Österreich dürfen Waren im Wert von 300 €, bei Flug- bzw. Seereisen von 430 € (Jugendliche: 175 €) abgabenfrei mit nach Hause nehmen, Reisende aus der Schweiz im Wert von 300 SFr. Die Waren müssen für den privaten Gebrauch vorgesehen sein. Tabakwaren und Alkohol fallen nicht unter diese Wertgrenze und bleiben in bestimmten Mengen abgabenfrei (z. B. 200 Zigaretten, 4 l Wein). Weitere Auskünfte erhalten Sie unter www.zoll.de, www.bmf.gv.at/zoll und www.zoll.ch

Wegzeiten in U-Bahn-, Bus- (B) und Taxi-Minuten (T) zwischen wichtigen Sehenswürdigkeiten

	Columbia University	Empire State Building	Lincoln Center	Metropolitan Museum	Rathaus	Rockefeller Center	Times Square	United Nations	Wall Street	Washington Square
Columbia University	–	30	15	20 (T)	50	20	25	40 (B)	50	40
Empire State Building	10	–	10	10	25	20	10	25	30	20(B)
Lincoln Center	15	20	–	10	35	15	20	25(B)	40	25
Metropolitan Museum	20 (T)	30	20(T)	–	40	30	30	40	45	30
Rathaus	50	25	35	40	–	30	20	40	10	15
Rockefeller Center	20	20	15	30	30	–	15	15(T)	30	25(B)
Times Square	25	10	20	30	20	10	–	15(B)	30	29
United Nations	40(B)	25	25(B)	40	40	20(T)	15(b)	–	45	30(T)
Wall Street	50	30	40	45	10	30	30	45	–	20
Washington Square	40	20(B)	25	30	15	25(B)	20	30(T)	20	–

Kartenatlas

Maßstab 1:29 000

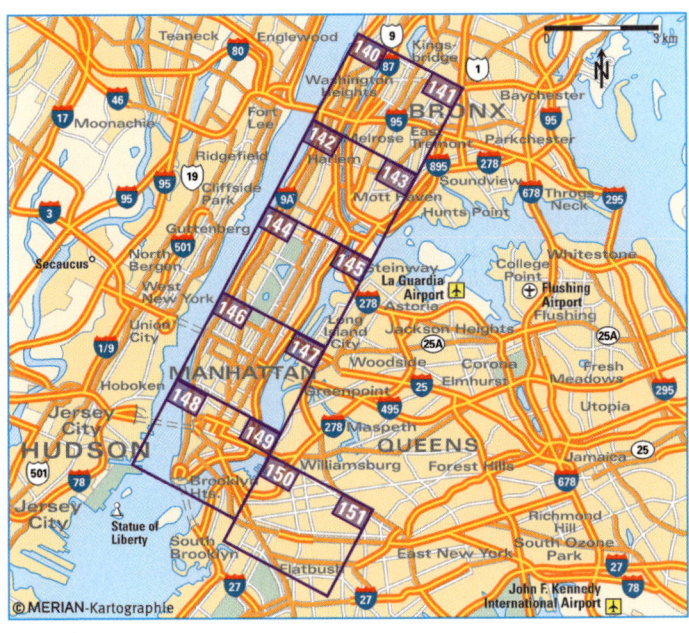

© MERIAN-Kartographie

Legende

Spaziergänge

○→ Greenwich Village (S. 108)
○→ Wall Street und Finanzdistrikt (S. 112)
→ Zwischen Village und Downtown (S. 114)

Sehenswürdigkeiten

MERIAN-TopTen
MERIAN-Tipp
Sehenswürdigkeit, öffentl. Gebäude
Sehenswürdigkeit Kultur
Sehenswürdigkeit Natur
Kirche; Kloster
Moschee
Tempel
Synagoge
Museum
Denkmal

Verkehr

Autobahn
Autobahnähnliche Straße
Fernverkehrsstraße
Hauptstraße
Nebenstraße
Unbefestigte Straße, Weg
Fußgängerzone
P Parkmöglichkeit
B Busbahnhof
H Bushaltestelle
U U-Bahn
AMTRAK Bahnhof
Flughafen
Flugplatz

Sonstiges

i Information
Theater
Markt
Zoo
Botschaft, Konsulat
Aussichtspunkt
Friedhof
Muslimischer Friedhof
Jüdischer Friedhof
Nationalpark
Naturpark

A   B   C

1

2

3

4

Inwood

Hill

Park

Church of
the Good Shepherd

Inwood
207th St.

Dyckman
Hse.

Inwood

Dyckman St.

Thayer St.

Arden St.

Sherman Av.

Dyckman St.

Sickles St.

Ellwood St.

The Cloisters,
Metropolitan
Mus. of Art

Fort
Tryon
Park

Hillside Av.

Bway Ter.

Fairview Av.

190th St.

Fort Washington Av.

Overlook Ter.

Bennet Av.

Pinehurst Av.

Haven Av.

Broadway

Wadsworth Av.

St. Nicholas Avenue

191st St.

Fort
George

W 188th St.

W 186th St.

W 184th St.

W 182nd St.

181st St.

W 180th St.

W 177th St.

W 177th St.

175th St.

W 174th St.

W 172nd St.

Washington
Heights

Washington Hts.
168st St.

W 168th St.

N.Y.S.
Psychiatric
Institute

Columbia
Presbyterian
Medical
Center

Fort Washington Av.

Amsterdam Av.

W 164th St.

W 162nd St.

161 St.

215th St.

W 215th St.

W 212th St.

Isham St.

W 207th St.

207th St.

W 204th St.

W 205th St.

W 201st St.

Ninth Av.

Tenth Aveenue

Park Ter. W.

Park Ter. E.

Seaman Av.

Cooper St.

Payson Av.

Broadway

Vermilyea Av.

Post Av.

Ninth Av.

Sherman
Creek

Harlem
River

Park

Yeshiva
University

Washington Bridge

High Bridge (closed)

Highbridge

Harlem River Drive

Edgecombe Av.

Henry Hudson pkwy

Riverside Drive

U.S. Veterans
Medical
Center

University
Heights

University Heights Br

Bronx
Community
College
C.U.N.Y.

W 180th St.

West Burnside Av.

Cedar Av.

Phelan Pl.

Loring Pl.

Andrews

Morris
Heights

Popham Av.

W 176th St.

W 174th St.

W 174th St.

Featherbediane

W 172nd St.

Edward Grant

W 170th St.

W 169th St.

W 168th St.

W 167th St.

W 166th St.

High
Bridge

W 164th St.

W 162nd St.

Sedgwick Av.

Webb Av.

West Fordham

Martin Luther King Blvd

Major Deegan Expressway

West Tr

Shakespeare

Nelson Av.

Dr. Martin Luther King Blvd

Sedgwick Av.

Mo... Jumel
Man...

142

W 160th St.

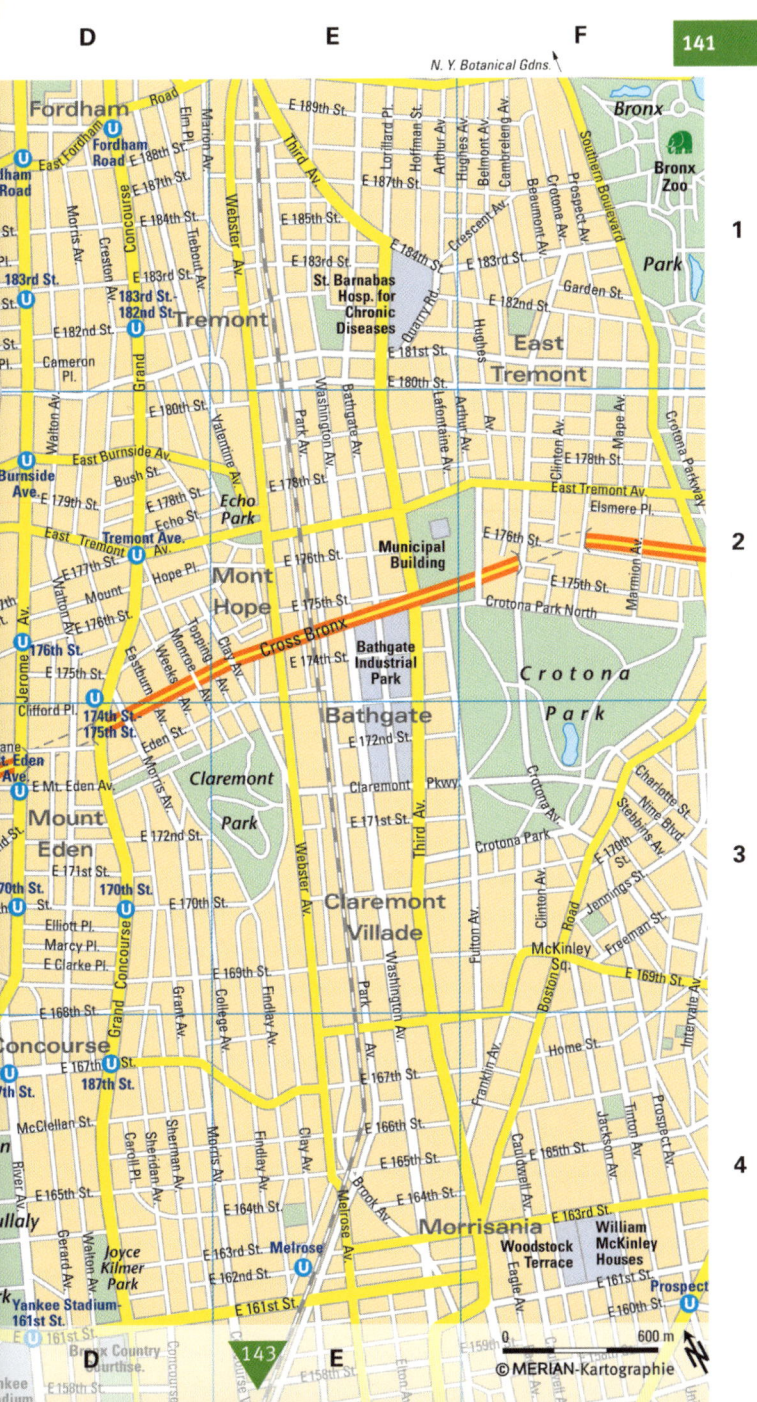

N. Y. Botanical Gdns.

Fordham

Bronx

East Fordham Road
Fordham Road

Bronx Zoo

1ham Road

Morris Av.
Creston Av.
asincourse

Elm Pl.
Marion Av.
Tiebout Av.
Webster Av.
Third Av.

Lorillard Pl.
Hoffman St.
Hughes Av.
Belmont Av.
Cambreleng Av.

Southern Boulevard
Prospect Av.
Crotona Av.
Beaumont Av.

E 189th St.

E 188th St.

E 187th St.

E 184th St.

E 185th St.

E 187th St.

E 184th St.

E 183rd St.

St.
Pl.

183rd St.
St.

183rd St.
182nd St.

Tremont

183rd Av.
E 183rd St.

E 185th St.

St. Barnabas Hosp. for Chronic Diseases

Quarry Rd.

E 183rd St.

E 182nd St.

Garden St.

East Tremont

Park

1

St.

E 182nd St.

Cameron Pl.

Grand

Walton Av.

E 180th St.

Valentine Av.

E 181st St.

E 180th St.

Hughes

Crotona Parkway

Burnside Ave.

East Burnside Av.

E 179th St.

Bush St.

E 178th St.

Echo Park

Washington Av.

Bathgate Av.

Park Av.

E 178th St.

Lafontaine Av.

Arthur Av.

Clinton Av.

E 178th St.

East Tremont Av.

Mapes Av.

Elsmere Pl.

2

Tremont Ave.
Av.

Walton Av.

E 177th St.
t.

E 176th St.

Mount

Hope Pl.

Mont Hope

Echo Pl.

E 176th St.

E 175th St.

Municipal Building

E 176th St.

Marmion Av.

Jerome Av.

176th St.

E 175th St.

Eastburn Av.

Topping Av.

Clay Av.

Monroe Av.

Weeks Av.

Cross-Bronx

E 174th St.

Bathgate Industrial Park

Crotona Park North

Crotona

Clifford Pl.

174th St.
175th St.

Eden St.

Morris Av.

Bathgate

Park

t. Eden
Ave.

Mount Eden

E Mt. Eden Av.

Claremont Park

E 172nd St.

E 172nd St.

Third Av.

Crotona Av.

Charlotte St.
Nme Blvd
Stebbins Av.

3

E 171st St.

70th St.

170th St.

E 170th St.

Claremont Pkwy.

Claremont

E 171st St.

Crotona Park

Clinton Av.

170th St.
St.
Jennings St.
Freeman St.

E 169th St.

Elliott Pl.
Marcy Pl.
E Clarke Pl.

Webster Av.

Claremont Villade

E 169th St.

Grant Av.

College Av.

Findlay Av.

McKinley Sq.

Boston Road

Intervale Av.

Concourse

E 168th St.

E 167th St.
187th St.

Grand Concourse

E 167th St.

Washington Av.

E 167th St.

Franklin Av.

Fulton Av.

Home St.

McClellan St.

Sherman Av.

Sheridan Av.

Carroll Pl.

Marcy Pl.

Morris Av.

Findlay Av.

Clay Av.

E 166th St.

E 165th St.

Park Av.

Caudwell Av.

E 165th St.

Jackson Av.

Timton Av.

Prospect Av.

4

n

River Av.

E 165th St.

Gerard Av.

Walton Av.

Joyce Kilmer Park

E 163rd St.

E 162nd St.

E 164th St.

Brook Av.

Melrose Av.

E 164th St.

Morrisania

Woodstock Terrace

William McKinley Houses

E 163rd St.

E 161st St.

Eagle Av.

Prospect

ullaly

k

Yankee Stadium 161st St.

E 161st St.

E 160th St.

Melrose

161st St.

Bronx Country Courthse.

Concourse

E 159th St.

Eiton Av.

E 158th St.

0   600 m

nkee dium

E 158th St.

© MERIAN-Kartographie

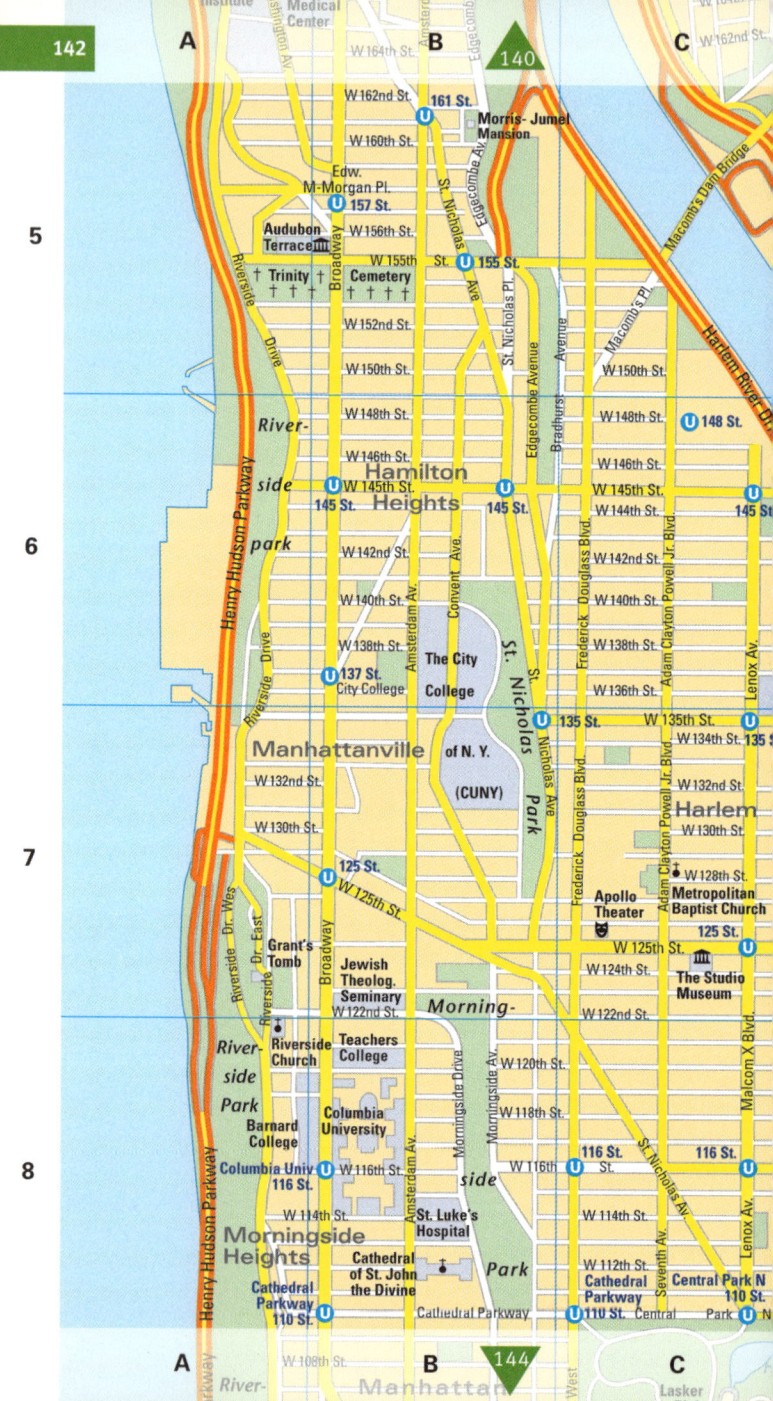

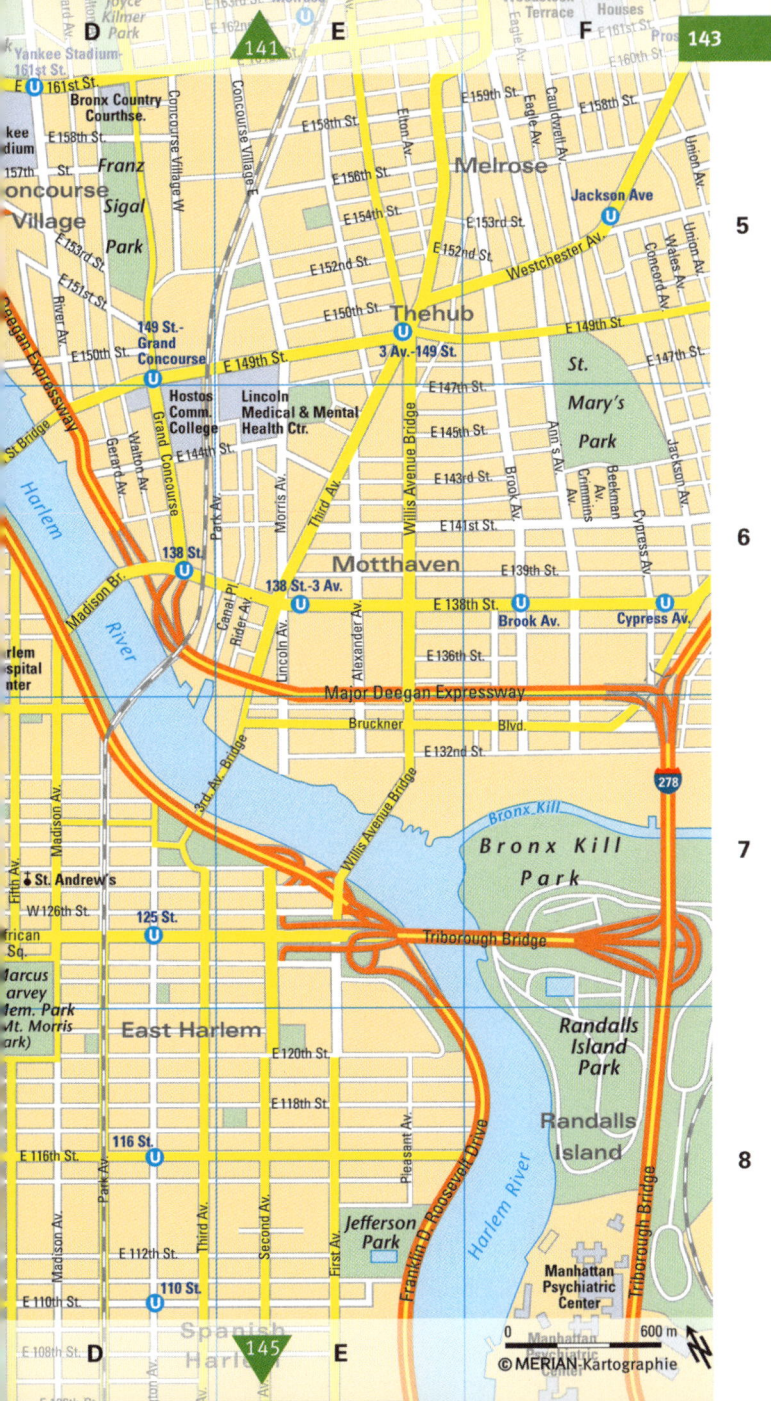

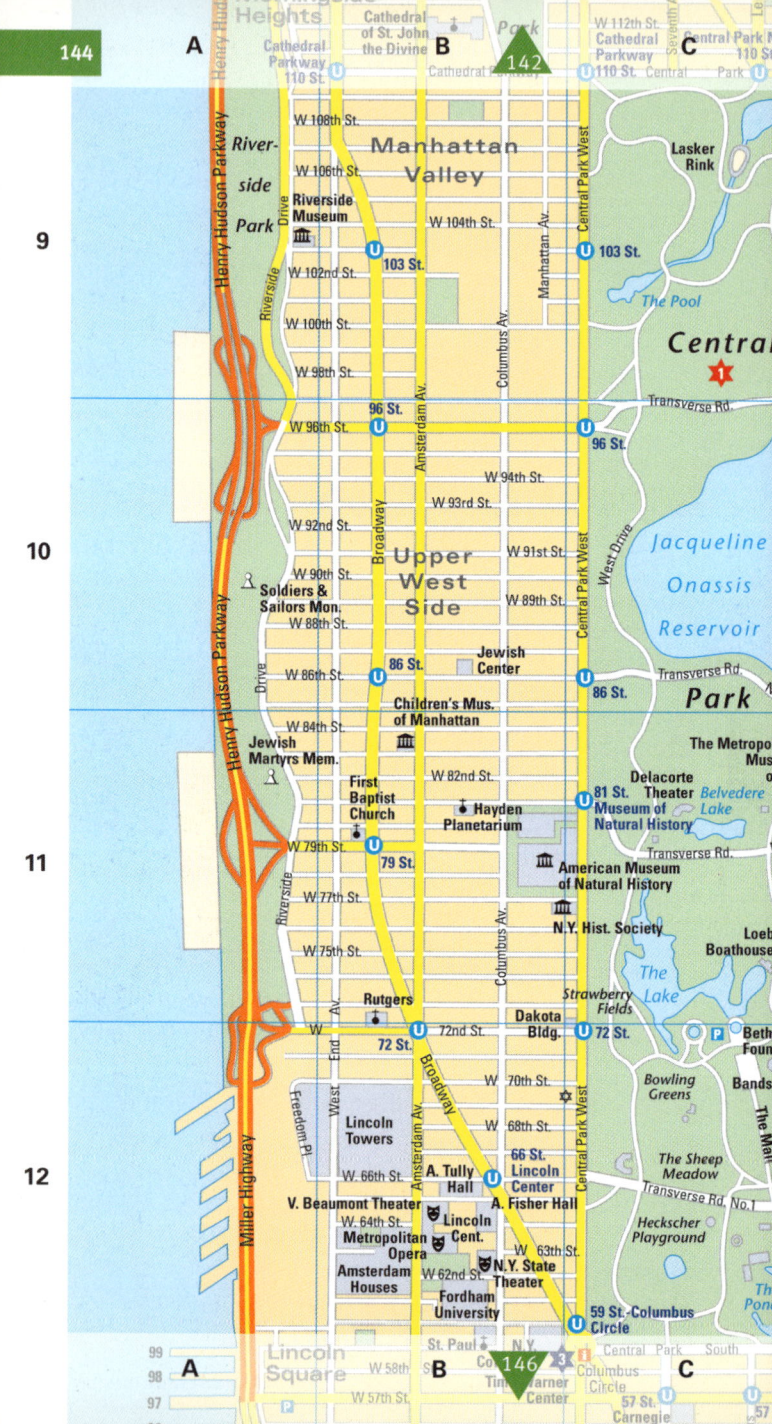

Spanish
Harlem

E 112th St.
E 110th St.
110 St.
E 108th St.
E 106th St.
Museum of the
City of N.Y.
E 104th St.
103 St.
E 102nd St.
E 100th St.
Mt. Sinai
Hospital
E 98th St.

Manhattan
Psychiatric
Center

Manhattan
Psychiatric
Center

Foot Bridge

9

Wards Island
Park

Wards
Island

Metropolitan
Hospital

Hell Gate

96 St.
E 96th St.
at. Center of
hotography

Carnegie
Hill

Mill Rock
Park

The Jewish Museum

E 94th St.

E 92nd St.

E 90th St.

2nd
Park
26th Av.

Astoria

27th Av.

10

Cooper Hewitt
Nat. Museum of Design
Nat. Academy
of Design
Solomon R.
Guggenheim Museum
Neue Galerie

E 88th St.

Gracie
Mansion

1st St.

E 86th St.
86 St.

Yorkville

Carl
Schurz
Park

Halletts
Cove

E 84th St.
Goethe Hse.
E 82nd St.

Coler Mem.
Hospital
and Home

E
80th St.

Upper
East Side

Temple
Shaaray Tefila

78th St.

John Jay
Park

Sc

Rain

11

E 76th St.
77 St.

Whitney Museum
of American Art

E 74th

Hellenic
Cathedral

Roosevelt
Island

Par

E 72nd

Light Opera
of Manhattan

St. James
Church

E 70th St.

Frick
Collection

68 St.
Hunter College

E 68th St.

Correction
Hospital

hildren's

E 66th St.

Temple
Emanu-El
E 64th St.

Lenox Hill

Rockefeller
University

Roosevelt
Island

Roosevelt
Island

12

E 62nd
St.

Lexington Av.

Pan American
Metroport
(Heliport)

Lexington Av.
Bloomingdale's

E 60th St.

59 St.

Aerial Tramway

Queensboro Bridge

East — Channel

Av.

General
Motors Bldg.

D · E

147

E 59th St.

E 57th St.

Trump
Tower

Manhattan
Arts & Antique

0   600 m

©MERIAN-Kartographie

Memorial
Hospital

Franklin D. Roosevelt Drive

East End Av.

York Av.

First Av.

Second Av.

Third Av.

Lexington Av.

Park Av.

Madison Av.

Fifth Av.

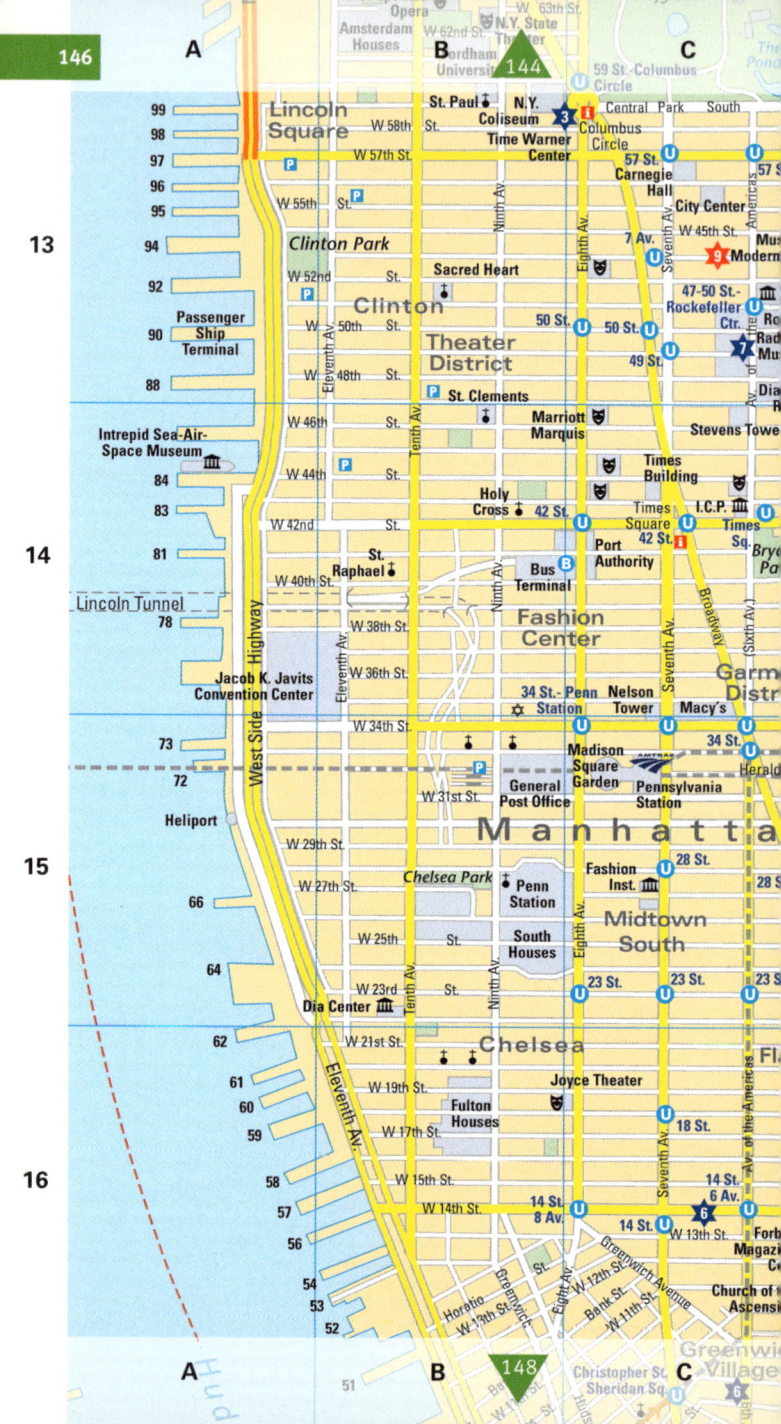

A • B • C

144

Opera
Amsterdam Houses
W 62nd St.
Bordham University
N.Y. State Theater
W 63rd St.
59 St.-Columbus Circle
The Pond

Lincoln Square
W 58th St.
St. Paul
N.Y. Coliseum
Time Warner Center
Columbus Circle
Central Park South
3
57 St.
Carnegie Hall
City Center
W 45th St.
Mu

13

W 57th St.
W 55th St.
Clinton Park
W 52nd St.
Sacred Heart
Clinton
Theater District
St. Clements
Eighth Av.
7 Av.
9 Modern
47-50 St.-Rockefeller Ctr.
7 Radi Mu
Dia
50 St.
50 St.
49 St.

99
98
97
96
95
94
92
90
88

Passenger Ship Terminal
W 50th St.
W 48th St.
W 46th St.
Eleventh Av.

Intrepid Sea-Air-Space Museum
W 44th St.
Marriott Marquis
Stevens Towe
Times Building
Times Square
I.C.P.
Times Sq.
Bry
Pa

84
83
81

Holy Cross
42 St.
42 St.
St. Raphael
W 42nd St.
W 40th St.
Tenth Av.
Ninth Av.
Port Authority
Bus Terminal
B

14

Lincoln Tunnel
78

West Side Highway
W 38th St.
W 36th St.
Fashion Center
Seventh Av.
Broadway
(Sixth Av.)
Garm
Distr

Jacob K. Javits Convention Center
W 34th St.
Eleventh Av.
34 St.- Penn Station
Nelson Tower
Macy's
34 St.

73
72

Madison Square Garden
General Post Office
W 31st St.
AMTRAK
Pennsylvania Station
Herald

Heliport
W 29th St.
M a n h a t t a
28 St.
28 S

15

W 27th St.
Chelsea Park
Penn Station
Fashion Inst.

66

W 25th St.
South Houses
Midtown South

64

Dia Center
W 23rd St.
Ninth Av.
23 St.
23 St.
23 St

62

W 21st St.
Chelsea
Fl

61
60
59

W 19th St.
Fulton Houses
Joyce Theater
18 St.
Seventh Av.
Av. of the Americas

W 17th St.
W 15th St.
14 St. 6 Av.

58
57

W 14th St.
14 St. 8 Av.
6
14 St.
W 13th St.
Forb Maga C

16

56
54
53
52

Eleventh Av.
Greenwich St.
Washington St.
W 12th St.
Bank St.
W 11th St.
Greenwich Avenue
Church of Ascension
Greenwi Village
6

51
Hudson
A
B
C

Horatio
W 13th St.
Christopher St Sheridan Sq.

148

D   E   F

145

147

General
Motors Bldg.
Trump
Tower
AT&T Bldg.
(Sony)
Midtown
St.
Thomas
Lever
Hse.
Citi-
bank
Lexington- 3 Aves.
Citicorp Ctr.
Olympic
Tower
Seagram Bldg..
St. Patrick's
Cathedral
51 St.
St.
Bartholomew's
Waldorf-
Astoria
E 48th

E 62nd
Lexington Av.
Bloomingd...
59 St.
E 59th St.
E 58th St.
E 57th St.
Manhattan
Arts & Antique
Center
E 55th St.
Citicorp Ctr.
E 53rd St.
E 53rd St.
Turtle
Bay
E 51st St.
United
Nations
Plaza

Goldwater
Memorial
Hospital
City
Hospital
Roosevelt
Memorial
West Channel

13

Helmsley
Bldg.
Met Life Bldg.
Grand
Central Station
42 St.
Grand
Central
Chrysler
Bldg.

St.
Japan
Society
Statue
of Peace
E 46th St.
E 44th St.
United Nations
Headquarters
E 42nd St.
Delacorte
Geyser
U Thant
Island

E 46th St.
E 44th St.
E 40th St.

14

ublic
rary
Murray
Hill
E 38th St.
Morgan Library
E 36th St.

Queens Midtown Tunnel
495

Heliport

E 34th St.
mpire
State
uilding
33 St.
N.Y. University
Medical Center

N.Y. Waterway Ferry

East River

15

ttle Church
nd the Corner
adison
Sq.
N.Y.
Life Bldg.
Kips Bay
Mus.
of Sex
Madison
Square
Park
Metroplitan
Life Bldg.
23 St.
E 28th St.
E 29th St.
E 25th St.
E 23rd St.

Bellevue
Hospital
Center
Veterans
Administr.
Hospital
Marina and
Midtown Skyport

Franklin D. Roosevelt Drive

Gramercy
Park
E 21st St.
T. Roosevelt's
Birthplace
E 19th St.
Gramercy
Union
Square
Park
St. George's
E 17th St.
E 15th St.
Union Sq.
14 St.
Union Sq.
3 Av.
E 17th St.
Stuyvesant Sq.
E 15th St.
1 Av.
E 14th St.

Stuyvesant
Town

16

Union
Square
11th St...
Washington
ashington
Grace
Church
St. Mark's in
the Bowery
E 10th
St.
E 9th
St.
Astor Place
Cooper U...
Found. Bldg.
E 6th
Old Merchant
E 12th St.
St.
St. Mark's Place
St.
Campos
Plaza
Haven
Plaza
Tompkins
Square
Park
E 9th
St.
E 8
East Village

149

600 m

© MERIAN-Kartographie

A   B   C

Hudson River

54
53
52
51
49
48
46
45
42
40
34
32

West St

Bank St.
W 11th St.
Charles St.
W 10th St.
Christopher St.
Barrow St.

Christopher St
Sheridan Sq.

Greenwich
Village

West 4 St.
Washington Sq.

West
Village

Houston St.

Spring St.

Fire
Museum

Canal

Canal

Beach St.

Franklin

Harrison St.

Washington St.
Houston
Vandam
Charlton
Greenwich St.
Washington St.
Hudson

West St.

Seventh Av.
Avenue of the Americas
8th Av.

Holland Tunnel

Hoboken, New Jersey

26
25

17

18

19

20

Newark Int. Airport

Jersey
City

Washington
Market
Park

Hudson
River
Park

Chambers
Warren
St.
River Terrace
North End Av.

Battery
Park
City

Vesey St.

World
Financial
Center

Gateway
Plaza

Rector
Park

Skyscr
Mus. of
Jewish Heritage

R. Wagn
Park
Ca

Financial
Dis

New York
New Jersey

146

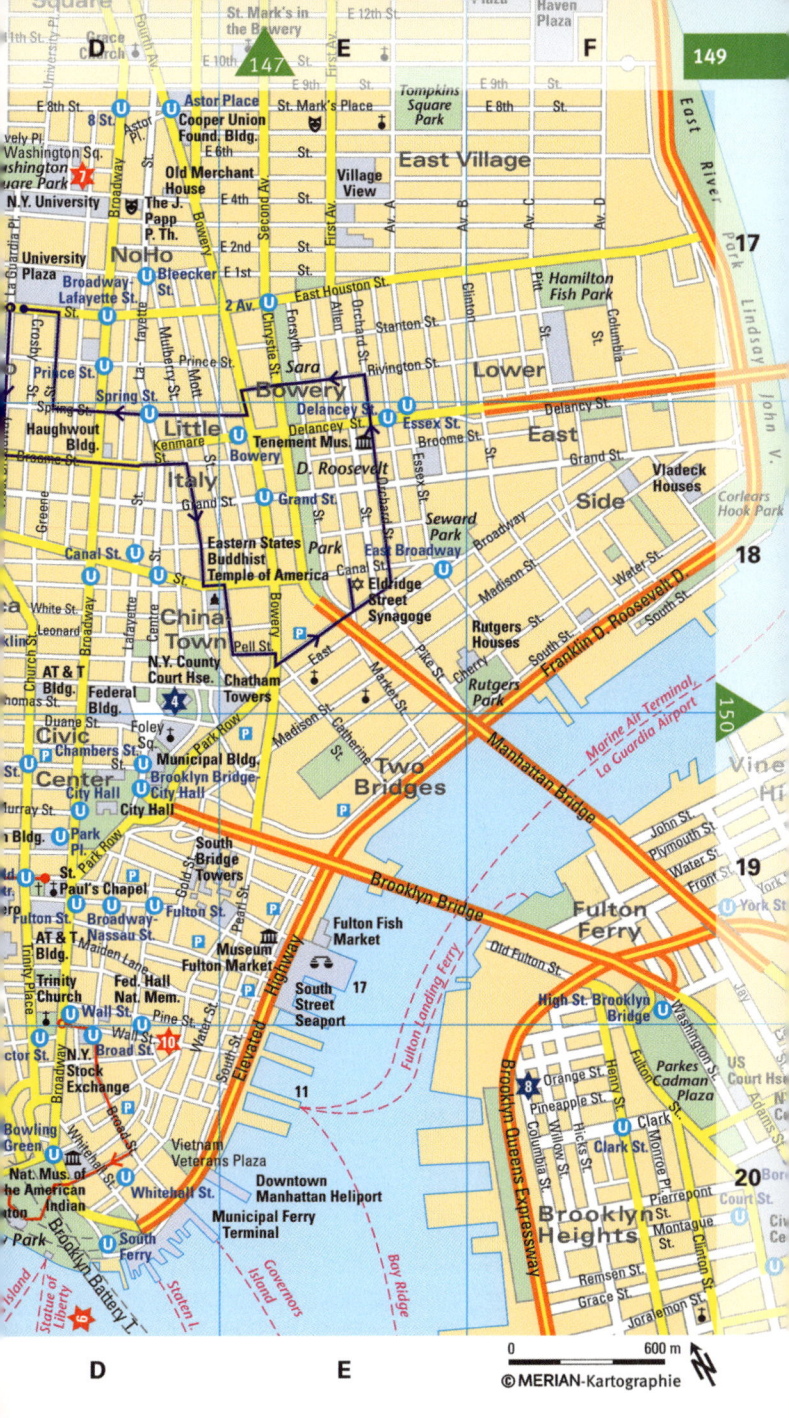

A   B   C

↑ La Guardia Airport, Flush

Vladeck
Houses

Corlears
Hook Park

21

Wallabout

Channel

Navy Yard
Basin

9th
10th St
S. 11th St
Division Av

Kent Av.
Wythe Av.

S.
S.
St.

Williamsburg

Clymer
Taylor
Wilson
Ross

St.

Lee Av.

Hewes
Penn
Rutledge
Heyward

Wallab

Kent
Taaffe
Classon

John V.

ohn V.

Brooklyn Navy Yard
Industrial Park

Vinegar
Hill

Flushing Av.

Carlton

Nassau Av.

278

Washington

Hall St.

Ryerson

St.

Steuben St.

Clint
Hill

John St.
Plymouth St.
Water St.
Front St.

22

York St.

Sands St.

Comodore
J.Barry Park

Av.

Portland Av.

Edwards St.

Clermont
Adelphi
Clinton

Vanderbilt
Av.

Waverly
Av.

Clinton-
Washin-
Aves.

York St.

Brooklyn Queens Expressway

Jay
Gold

Prince

149

Concord

Flatbush Av.

St.

Pl.

Navy

Fort
Greene
Park

Cumberland St.

Oxford Pl.

Lafayette Av.

Av.

Green

Parkes
Cadman
Plaza

ark
Marine
Pierrepont
St.
Montague
St.
emen St.

US
Court Hse.
NYC Tech.
Col.
Tech St.

Adams St.

Tillary St.

Polytechnic
Univ.

Jay St.

Borough Hall

Lawrence St.

Dumeld St.

Willoughby Av.

Brooklyn
Hospital
Center

Long Island
Univ.

Rockwell

St. Felix St.

Greene Pl.

Sellot Pl.

Fort
Greene

Fulton St.

Fulton

23

Court St.

Civic
Center

Fulton St.

Borough Hall

Lawrence St.

Bridge St.

Gold St.

Mall

De Kalb Av.

Hoyt St.
Fulton Mall

Nevins St.

Flatbush Av.

Hanson Pl.

Lafayette Av.

Br

Livingston St.

Schermerhorn St.

Hoyt-Schermerhorn Sts.

State St.

Atlantic Av.

Atlantic Av.

8th

Pacific

St.

State St.

Atlantic Av.

Boerum Pl.

Atlantic Av.

Boerum Hill

Pacific St.

Pacific St.

Dean

Berg

State St.

Pacific St.
Dean St.

Smith St.

Hoyt St.

Bond St.

Nevins St.

3rd Av.

Bergen St.

4th Av.

Bergen St.

5th Av.

Plat

Cobble
Hill

Wyckoff St.
Warren St.
Baltic St.
Butler St.
Douglass St.
De Graw St.
Sackett St.

Court St.
Clinton St.
Strong Pl.
Tompkins Pl.

Bergen
St.

Carroll
Gardens

Hicks

De Graw St.

Union St.

Warren St.

8th Av.

Butler St.
Douglass
De Graw
Sackett

24

Union St.

A   B   C

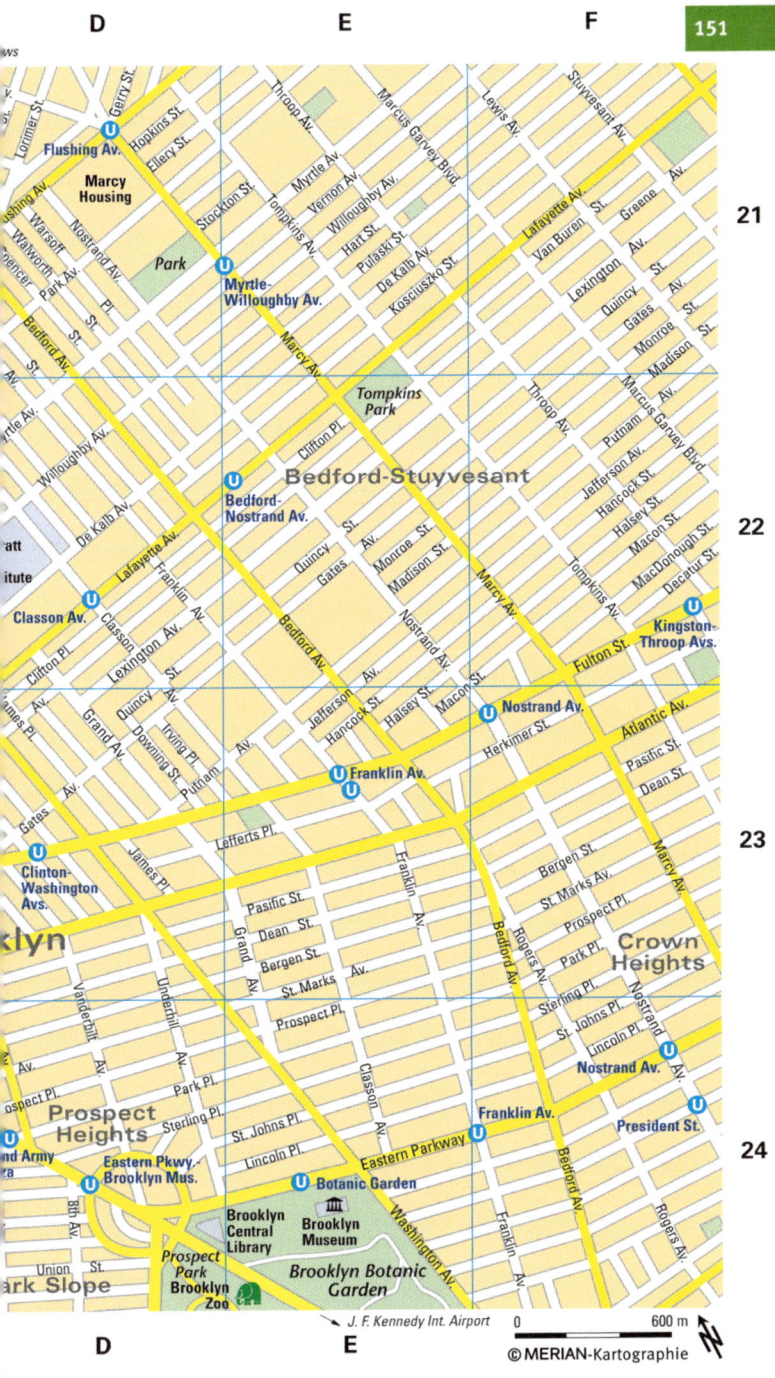

D   E

© MERIAN-Kartographie

0   600 m

Kartenregister

Orts- und Sachregister

Wird ein Begriff mehrfach aufgeführt, verweist die **fett** gedruckte
Zahl auf die Hauptnennung, eine *kursive* Zahl auf ein Foto.
Abkürzungen:
Hotel [H]
Restaurant [R]

Liebe Leserinnen und Leser,
vielen Dank, dass Sie sich für einen Titel aus unserer Reihe MERIAN *live!* entschieden haben. Wir freuen uns, Ihre Meinung zu diesem Reiseführer zu erfahren. Bitte schreiben Sie uns an merian-live@travel-house-media.de, wenn Sie Berichtigungen und Ergänzungen haben – und natürlich auch, wenn Ihnen etwas ganz besonders gefällt.

Alle Angaben in diesem Reiseführer sind gewissenhaft geprüft. Preise, Öffnungszeiten usw. können sich aber schnell ändern. Für eventuelle Fehler übernimmt der Verlag keine Haftung.

© **2010 TRAVEL HOUSE MEDIA GmbH, München**
MERIAN ist eine eingetragene Marke der GANSKE VERLAGSGRUPPE.

1. Auflage

Alle Rechte vorbehalten. Nachdruck, auch auszugsweise, sowie die Verbreitung durch Film, Funk, Fernsehen und Internet, durch fotomechanische Wiedergabe, Tonträger und Datenverarbeitungssysteme jeglicher Art nur mit schriftlicher Genehmigung des Verlages.

BEI INTERESSE AN DIGITALEN DATEN AUS DER MERIAN-KARTOGRAPHIE:
iPUBLISH GmbH, Abt. Cartography
merianmapbase@ipublish.de
www.merianmapbase.de

BEI INTERESSE AN ANZEIGENSCHALTUNG:
KV Kommunalverlag GmbH & Co KG
MediaCenterMünchen
Tel. 0 89/92 80 96 44
winzer@kommunalverlag.de

TRAVEL HOUSE MEDIA
Postfach 86 03 66
81630 München
merian-live@travel-house-media.de
www.merian.de

PROGRAMMLEITUNG
Dr. Stefan Rieß
REDAKTION
Simone Duling
LEKTORAT
bookwise GmbH, München
BILDREDAKTION
Anna Logermann
SCHLUSSREDAKTION
Gisela Wunderskirchner
SATZ
bookwise GmbH, München
REIHENGESTALTUNG
Independent Medien Design,
Elke Irnstetter, Mathias Frisch
KARTEN
MERIAN-Kartographie
DRUCK UND BINDUNG
Polygraf Print, Slowakei
GEDRUCKT AUF
Eurobulk Papier von der Papier Union

Ein Unternehmen der
GANSKE VERLAGSGRUPPE

©
Mix
Produktgruppe aus vorbildlich bewirtschafteten Wäldern, kontrollierten Herkünften und Recyclingholz oder -fasern
www.fsc.org Zert.-Nr. SGS-COC-004980
© 1996 Forest Stewardship Council

FSC